Escrever bem com gramática

Laiz Barbosa de Carvalho

5

Escrever bem com gramática – 5º ano
© Laiz Barbosa de Carvalho, 2016

Direitos desta edição: Saraiva Educação Ltda., São Paulo, 2016
Todos os direitos reservados

Dados Internacionais de Catalogação na Publicação (CIP)
(Câmara Brasileira do Livro, SP, Brasil)

Carvalho, Laiz Barbosa de
 Escrever bem com gramática, 5º ano / Laiz
Barbosa de Carvalho. -- 6. ed. -- São Paulo :
Saraiva, 2016.

 1. Português - Gramática (Ensino fundamental)
I. Título.

16-07870   CDD-372.61

Índices para catálogo sistemático:

1. Gramática : Português : Ensino fundamental
   372.61

ISBN 978-85-472-1335-0 (aluno)
ISBN 978-85-472-1336-7 (professor)

Editoras responsáveis	Alice Silvestre, Camila de Pieri Fernandes
Editoras	Marina Sandron Lupinetti, Miriam Mayumi Nakamura, Tatiane Godoy, Thaís Albieri, Vanessa Batista Pinto
Gerente de produção editorial	Ricardo de Gan Braga
Gerente de revisão	Hélia de Jesus Gonsaga
Revisores	Kátia Scaff Marques (coord.), Rosângela Muricy (coord.), Heloísa Schiavo, Larissa Vazquez, Luciana Azevedo, Patricia Cordeiro
Controle de fluxo e produção editorial	Paula Godo, Roseli Said
Supervisor de iconografia	Sílvio Kligin
Coordenador de iconografia	Cristina Akisino
Pesquisa iconográfica	Daniela Maria Ribeiro
Licenciamento de textos	Paula Claro
Design	Bonifácio Estúdio
Capa	Erika Tiemi Yamauchi Asato, com ilustração de Adilson Farias
Edição de arte	Carlos Magno
Diagramação	Bonifácio Estúdio, Nicola Loi, Luiza Massucato
Assistente de arte	Jacqueline Ortolan
Ilustrações	Adolar, Biry Sarkis, Cibele Queiroz, Diego Munhoz, Edde Wagner, Fernando Pires, Flip Estúdio, Hagaquezart Estúdio, Ilustra Cartoon, Luiz Augusto Ribeiro, Mariangela Haddad, Mathias Townsend, Mauro Souza, Nid Arts, Petra Elster, Rogério Borges, Rico, Simone Ziasch, Vanessa Alexandre, ZAPT Editorial
Tratamento de imagens	Cesar Wolf, Fernanda Crevin
Código da obra	CL 800773
CAE	610081 (aluno)
CAE	610082 (professor)
Impressão e acabamento	Gráfica Eskenazi

O material de publicidade e propaganda reproduzido nesta obra está sendo utilizado apenas para fins didáticos, não representando qualquer tipo de recomendação de produtos ou empresas por parte do(s) autor(es) e da editora.

Editora Saraiva

SAC 0800-0117875
De 2ª a 6ª, das 8h às 18h
www.editorasaraiva.com.br/contato

Avenida das Nações Unidas, 7221 – 1º andar – Setor C – Pinheiros – CEP 05425-902

CARTA AO ALUNO

Caro aluno,

Este livro é dedicado a você e foi feito para ajudá-lo em seu dia a dia, colaborando para que conheça e domine cada vez mais a Língua Portuguesa.

Nele você vai conhecer informações novas, ler textos interessantes e atuais que circulam em meios impressos ou no mundo digital e realizar diversas atividades que vão motivá-lo a refletir sobre nossa língua.

Com este livro, você vai perceber também que é possível aprender de forma divertida, decifrando charadas, desvendando enigmas ou desenvolvendo brincadeiras e jogos que possibilitam aplicar os novos conhecimentos.

Essas propostas foram elaboradas para que você leia, escreva e se comunique cada vez melhor.

Laiz Barbosa de Carvalho

ORGANIZAÇÃO DO LIVRO

ABERTURA

Textos para leitura e atividades de compreensão.

ATIVIDADES

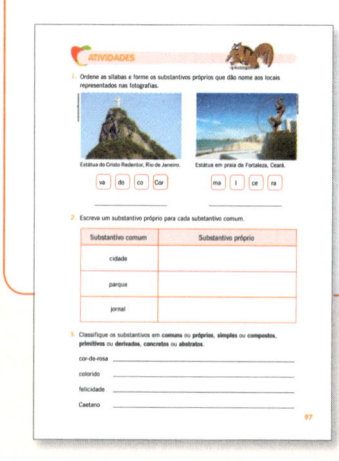

Atividades sobre o assunto estudado no capítulo.

PARA ESCREVER MELHOR

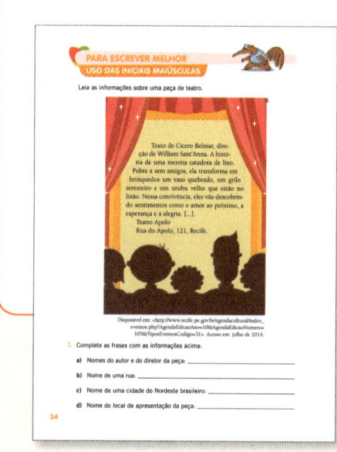

Seção para você exercitar a ortografia e a escrita correta das palavras.

CONCLUA!

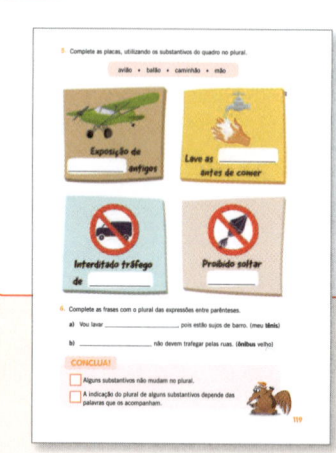

Boxe para você verificar e registrar o que aprendeu.

REVISÃO

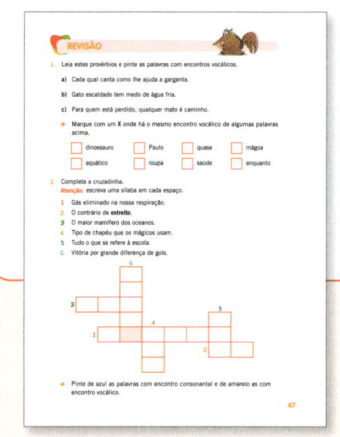

Momento de você rever o que já aprendeu.

DIVERTIDAMENTE

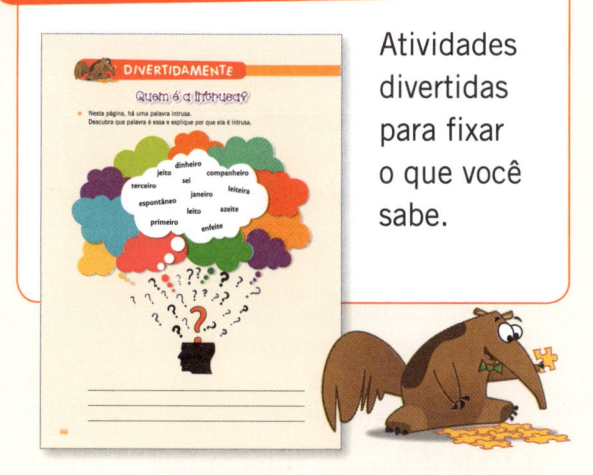

Atividades divertidas para fixar o que você sabe.

EURECA!

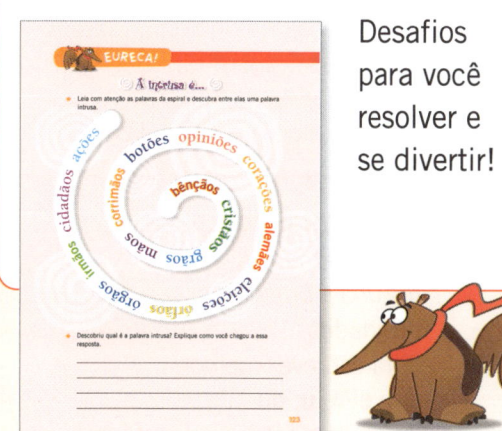

Desafios para você resolver e se divertir!

DE OLHO NA LÍNGUA

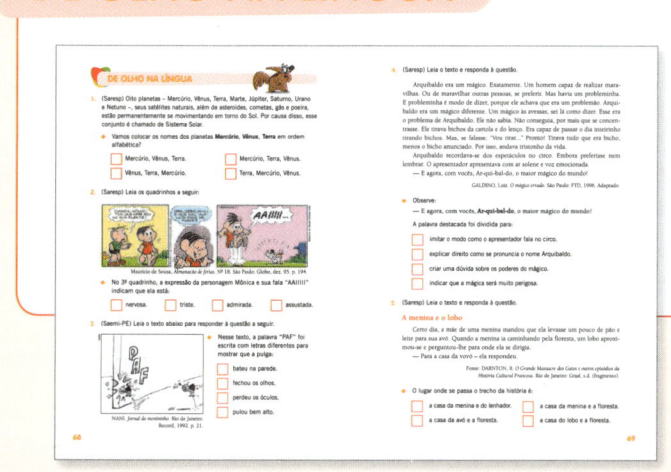

Atividades de múltipla escolha dos principais sistemas de avaliação de rendimento escolar.

SUMÁRIO

1. **Alfabeto** 8
   Texto: Mensagens instantâneas 8
   Atividades 9
   Para escrever melhor:
   ordem alfabética 13
   Divertidamente 17

2. **Encontros vocálicos, encontros consonantais e dígrafos** 18
   Texto: Cartaz de filme 18
   Atividades 20
   Para escrever melhor:
   uso do dicionário 22
   Divertidamente 27

3. **Sílabas e divisão silábica** 28
   Texto: Tirinha do Menino Maluquinho 28
   Atividades 31
   Para escrever melhor:
   uso das iniciais maiúsculas 34
   Eureca! 37

4. **Sinais gráficos** 38
   Texto: *Alimentos regionais brasileiros* 38
   Atividades 41
   Para escrever melhor:
   e, **i**, **ei/o**, **u**, **ou** 44
   Divertidamente 46
   Revisão 47

5. **Acentuação gráfica I** 50
   Texto: Artigo de revista 50
   Atividades 52
   Para escrever melhor:
   uso do dicionário 55
   Eureca! 59

6. **Acentuação gráfica II** 60
   Texto: *Curupira, o danadinho* 60
   Atividades 62
   Para escrever melhor: uso de
   gua/qua, gue/que, gui/qui 64
   Eureca! 67
   De olho na língua 68

7. **Acentuação gráfica III** 70
   Texto: *Turismo* 70
   Atividades 72
   Para escrever melhor: uso de **s**, **z**
   e **x** representando o som /ze/ 74
   Divertidamente 77
   Revisão 78

8. **Sinônimos, antônimos, parônimos e homônimos** 82
   Texto: *Diversão* 82
   Atividades 85
   Para escrever melhor: uso de
   c, ç, ss, sc, xc e **x** representando
   o som /se/ 88
   Divertidamente 90

9. **Substantivo** 92
   Texto: Nuvem de histórias 92
   Atividades 97
   Para escrever melhor: sons
   representados pela letra **x** 99
   Eureca! 103

10. **Gênero do substantivo** 104
    Texto: *Papais do reino animal que merecem nosso respeito!* 104
    Atividades 107
    Para escrever melhor:
    uso de sufixos 109
    Divertidamente 113

11. **Número do substantivo** 114
    Texto: *Mundo criado, trabalho dobrado* 114
    Atividades 117
    Para escrever melhor:
    onde, **aonde** 121
    Eureca! 123

12. **Grau do substantivo** 124
    Texto: Sinopse do livro *Palavrinha ou palavrão?* 124
    Atividades 126
    Para escrever melhor:
    dificuldades ortográficas 129
    Divertidamente 132
    Revisão 133

13. **Artigo** 136
    Texto: Tirinha de
    O mundo de Leloca 136
    Atividades 138
    Para escrever melhor: crase 140
    Divertidamente 143
    De olho na língua 144

14. **Adjetivo** 146
    Texto: Pôster 146
    Atividades 148
    Para escrever melhor:
    mal e **mau**, **mais** e **mas** 150
    Divertidamente 152

15. **Grau do adjetivo** 154
    Texto: Artigo científico 154
    Atividades 157
    Para escrever melhor:
    melhor/pior, menor/maior 158
    Divertidamente 160
    Revisão 161

16. **Pronomes** 162
    Texto: *Amazônia* 162
    Atividades 165
    Para escrever melhor: **ge** e **gi**,
    je e **ji**, **se** e **si**, **ce** e **ci**, **lh** e **li** 168
    Divertidamente 171

17. **Numerais** 172
    Texto: *Elevador* 172
    Atividades 174
    Para escrever melhor: representação
    gráfica das unidades de medida ... 177
    Eureca! 181

18. **Concordância nominal** 182
    Texto: Tirinha do Bidu 182
    Atividades 183
    Para escrever melhor: **meio** e **meia**,
    obrigado e **obrigada** 185
    Divertidamente 188
    Revisão 190

19. **Verbo: tempos e
    modos verbais** 192
    Texto: *1845: Angola* 192
    Atividades 195
    Para escrever melhor:
    uso dos verbos irregulares I 200
    Divertidamente 203
    De olho na língua 204

20. **Verbo: futuro** 206
    Texto: *Metade é verdade,
    o resto é invenção* 206
    Atividades 208
    Para escrever melhor:
    uso dos verbos **ir** e **ser** 210
    Divertidamente 212

21. **Concordância verbal** 214
    Texto: *Pica-pau-anão-
    -da-caatinga* 214
    Atividades 216
    Para escrever melhor: uso dos
    tempos verbais 218
    Divertidamente 220

22. **Advérbio** 222
    Texto: *Em ordem* 222
    Atividades 224
    Para escrever melhor:
    uso de **haver, fazer, ser** 226
    Divertidamente 229

23. **Preposição** 230
    Texto: *Ciclo da dengue* 230
    Atividades 232
    Para escrever melhor: uso das
    terminações verbais **-ão** e **-am**,
    -em e **-êm**, **-eem** 235
    Divertidamente 238
    Revisão 239

24. **A frase e os sinais
    de pontuação** 242
    Texto: História em quadrinhos 242
    Atividades 244
    Para escrever melhor: uso do
    verbo no modo imperativo 247
    Divertidamente 249

25. **Outros sinais de pontuação** 250
    Texto: Reportagem 250
    Atividades 252
    Para escrever melhor: **porque,
    por que, por quê, porquê** 254
    Divertidamente 257
    Revisão 258

Jogos 259

1 ALFABETO

Observe esta imagem.

1. O que essa imagem apresenta?

   _____

   _____

2. Essa imagem mostra um aplicativo utilizado para:

   ☐ o envio de mensagens por *e-mail* para uma pessoa.

   ☐ a troca de mensagens instantâneas entre duas ou mais pessoas.

   ☐ o envio de mensagens instantâneas para uma ou mais pessoas.

ATIVIDADES

1. Leia com atenção para responder às questões a seguir.

   a) Observe o som das letras destacadas nestas palavras.

   > ba**rr**o • de**s**e**nh**os • pe**ss**oas

   ◆ Nessas palavras, temos duas letras que representam:

   ☐ dois sons diferentes.

   ☐ um único som.

   b) Observe o som das letras nestas palavras.

   > o**x**igênio • tá**x**i

   ◆ Nessas palavras, temos uma letra que representa:

   ☐ o mesmo som nas duas palavras.

   ☐ sons diferentes em cada uma das palavras.

2. Leia o trecho de uma notícia.

> Um desenho animado com o primeiro personagem de **W**alt Disne**y**, Os**w**ald the Luc**k**y Rabbit (Oswaldo, o Coelho Sortudo), será exibido pela primeira vez em 87 anos.
>
> Disponível em: <http://www.bbc.com/portuguese/noticias/2015/11/151104_disney_perdido_tg>. Acesso em: novembro de 2016.

◆ Observe o quadro.

> km • William • windsurfe • www (Wide World Web) • *yakisoba*

Em que situações as letras **k**, **w**, **y** são usadas?

_____

_____

As letras representam os sons da fala. Com elas é possível representar todos os sons usados pelos falantes de uma língua.

- ◆ As letras classificam-se em vogais e consoantes. Sem a presença de uma vogal não existe palavra na língua portuguesa, mas há palavras formadas apenas por vogais. Por exemplo: ai, oi, uai, ioiô.
- ◆ As letras **k**, **w** e **y** são usadas em palavras de origem estrangeira, em nomes próprios e em abreviaturas e símbolos.
- ◆ A letra **h** não é considerada uma consoante, pois não representa nenhum som; é uma letra muda, não "soa". Pode aparecer em dígrafos, combinada com outra consoante para formar um novo som. Por exemplo: em **hora** e **homenagem**, a letra **h** não representa nenhum som. Nas palavras **falha** e **conhecer**, compõe os dígrafos **lh** e **nh**.

3. O teclado utilizado atualmente – conhecido como QWERTY – reproduz o padrão das antigas máquinas de escrever. Observe o celular da página 8 e escreva as letras do teclado na ordem regular do alfabeto.

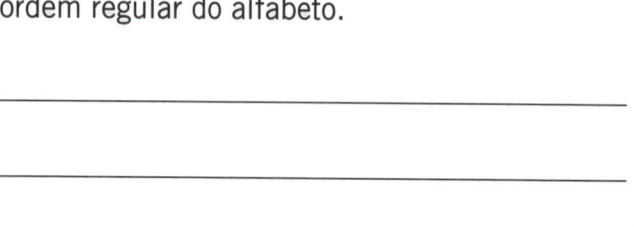

_____

_____

_____

Máquina de escrever.

4. Nas palavras destacadas desta quadrinha, há um som que se repete. Pinte as sílabas com esse som.

Tecelão tece o **tecido**
em **sete sedas** de **Sião**
Tem **sido** a **seda tecida**
na **sorte** do **tecelão**.

Quadrinha popular.

a) Qual é o som que se repete nessas palavras?

_____

b) Marque com um **X** as palavras em que esse som aparece novamente.

☐ Almoço   ☐ Coceira
☐ Lapiseira   ☐ Serviço
☐ Assumir   ☐ Visita
☐ Mesada   ☐ Sociedade
☐ Casamento   ☐ Separação
☐ Nascimento   ☐ Transformação
☐ Celebridade   ☐ Casulo
☐ Pesadelo

c) Escreva as palavras que você **não** marcou no item anterior. Qual é o som que a letra **s** representa nessas palavras?

_____

_____

d) Escreva outras quatro palavras em que a letra **s** representa esse som.

_____

_____

5. Podemos formar palavras a partir de outras trocando apenas uma consoante. Veja os exemplos.

> bata → gata → lata → nata

◆ Troque a consoante **b** de **bata** por outras e forme palavras de acordo com as fotografias. Depois, escreva as consoantes que você usou no lugar do **b**.

Palavra formada _____   Palavra formada _____

Consoante utilizada _____   Consoante utilizada _____

6. Continue! Forme palavras substituindo as consoantes destacadas por outras.

rua _____   bola _____

◆ Agora, troque as vogais destacadas por outras e forme palavras.

bala _____   mala _____

CONCLUA!

A troca de uma letra por outra:

☐ altera o sentido de uma palavra.

☐ não altera o sentido de uma palavra.

PARA ESCREVER MELHOR
ORDEM ALFABÉTICA

Leia esta relação de aves.
A lista está em ordem alfabética.

- Arara-azul-grande – *Anodorhynchus hyacinthinus*
  Ameaçada de extinção.

- Arara-canindé – *Ara ararauna*

- Arara-vermelha-grande – *Ara chloroptera*

- Ararinha-azul – *Cyanopsitta spixii*
  Extinta na natureza.

- Cacatua-das-molucas – *Cacatua moluccensis*

- Curicaca – *Theristicus caudatus*

- Galo-da-serra – *Rupicola rupicola*

- Ganso-da-gâmbia – *Plectropterus gambensis*

- Gavião-de-penacho – *Spizaetus ornatus*

- Marianinha – *Pionites leucogaster*

- Murucututu – *Pulsatrix perspicillata*

- Mutum-do-sudeste – *Crax blumenbachii*

- Papagaio-campeiro – *Amazona ochrocephala*

- Papagaio-verdadeiro – *Amazona aestiva*

- Periquito-de-papo-vermelho – *Psittacara rubritorquis*

Disponível em: <www.zoologico.com.br/animais/aves/>; <www.mascotarios.org/pt/aves>.
Acesso em: novembro de 2016.

1. Releia estes nomes das aves da lista.

   > galo-da-serra • ganso-da-gâmbia • gavião-de-penacho

   ◆ Até qual letra foi preciso contar para organizá-los em ordem alfabética?

   _____

2. Agora, escreva estes outros nomes de aves em ordem alfabética.

   > ararajuba • tiriba-de-testa-azul • curica • guará
   > curicaca • coró-coró • periquito-rei • colhereiro

   _____

   _____

   _____

   _____

   a) Quais foram as duas palavras com mais letras iguais?

   _____

   b) Quantas letras são iguais?

   _____

3. Marque com um **X** os lugares em que, na sua opinião, é útil organizar nomes em ordem alfabética.

   ☐ Na farmácia.   ☐ Na banca de revista.

   ☐ Na família.   ☐ No time de futebol.

   ☐ Na escola.   ☐ Nas placas de rua.

CONCLUA!

A _____ é um recurso muito útil em dicionários, listas telefônicas e contatos do celular.

4. Escreva as palavras abaixo nos quadros correspondentes.
Atenção: as palavras de cada quadro devem estar em ordem alfabética.

> algodão • beirute • água oxigenada • chave de fenda
> esparadrapo • parafuso • hambúrguer • martelo
> prego • medicamento • misto-quente • bauru

Produtos vendidos na farmácia

_____

Produtos vendidos na loja de ferramentas

_____

Produtos vendidos na lanchonete

_____

5. Faça uma lista em ordem alfabética com o que é pedido em cada quadro.

Suas três disciplinas favoritas na escola
_____
_____
_____

Seus três filmes ou desenhos de TV favoritos
_____
_____
_____

6. Leia uma página de um catálogo de livros.

SUMÁRIO GERAL DE TÍTULOS

A
ABACAEACÓ – NINGUÉM ME ENTENDE ... 15
ABELHA ADORMECIDA, A ... 18
ABRI, ABRISTE, ABREU ... 69
ACORDA, RUBIÃO! TEM FANTASMA NO PORÃO! ... 72
ADIVINHA, ADIVINHÃO! ... 66
ADIVINHE QUEM VEM PARA ASSUSTAR ... 44
ADORMECEU A MARGARIDA? ... 94
ADOTE UM AMIGO ... 94
AFINAL, HILÁRIO ERA MESMO O TAL? ... 72
ALDEIA PERTO DE CASA, UMA ... 76
ALEGRIA DA CLASSE, A ... 76
ALMOÇO, O ... 21
AMIGO ... 40
AMIGO URSO, O ... 15
AMIGOS ... 64
AMIGOS DO PEITO ... 64
ANA PRECIOSA E MANUELIM E O ROUBO DAS MOEDAS NA ÉPOCA DO CICLO DO OURO ... 108
ANGELINA CINDERELA ... 14
ANGELINO ... 94
APENAS DIFERENTE ... 95
APOSTADO! ... 95
ARTE DA ANIMAÇÃO, A ... 98
ARTE DOS QUADRINHOS, A ... 98
ÁRVORE DE TAMOROMU, A ... 65
ASA DE PAPEL ... 15
ASSIM OU ASSADO? ... 34
ASTRONAUTA POR UM DIA ... 41
ATÉ MAIS VERDE ... 120
AU! AU! ... 12
AUTO FUTURO ... 16
AVE EM CONSERTO ... 45
AVENTURAS DE GAROTO ... 65
AVENTURAS DE RODORÓN PROCURANDO PIPIRIGALHA ... 95
AVENTURAS DE UM MICRÓBIO AMARELINHO ... 95
AVENTURAS DO CORCEL AUDAZ, AS ... 124
AVENTURAS DO MARUJO VERDE, AS ... 96
AVENTURAS E PERIGOS DE UM COPO D'ÁGUA ... 120
AVENTUREIROS DE ARGOS ... 102
AVIÃO E UMA VIOLA, UM ... 16

BACANA, DE NOVO! ... 56
BAFAFÁ EM MANGABELA!!! ... 96
BAILARINA POR UM DIA ... 34
BALÉ FASHION DE ANGELINA BAILARINA, O ... 14
BALEIA CONCEIÇÃO, A ... 96
BANDA FANTASMA, A ... 65
BARCA DE ZOÉ, A ... 124
BARQUINHO VAI..., O ... 21

BEEÉ! ... 12
BEIJA-FLOR DESPENTEADO, O ... 68
BELA E A FERA, A ... 69
BELO, A LINHA, O HORIZONTE, O MENINO E A MONTANHA, O ... 96
BEM-TE-VERDE ... 16
BERÇO DAS AVES ... 61
BI-BIII! ... 12
BIBLIOTECA DOS BICHOS, A ... 32
BICHÁRIO ... 97
BICHO-HOMEM, O ... 97
BICHOS DO MEU ZOOLÓGICO, OS ... 45
BILILICO ... 16
Blog DO SAPO FROG ... 97
BRASIL É FEITO POR NÓS?, O ... 97
BRASÍLIA E JOÃO DIMAS E A SANTA DO CALDEIRÃO NA ÉPOCA DA INDEPENDÊNCIA ... 108
BRINCADEIRA DE RODA ... 17
BRUXA ATACA DE PANELA, A ... 18
BRUXA JAPONESA, A ... 98
BUBU VAI À LUTA ... 45
BUMBURLEI ... 17

C
CAÇADORES DE AVENTURAS ... 46
CACO COELHO ADORA LER ... 18
CADA MACACO NO SEU GALHO ... 54
CADÊ O DOCINHO QUE ESTAVA AQUI? ... 18
CADERNO DE PERGUNTAS DE REBECA, O ... 98
CAMALEÃO AZUL, O ... 124
CANÇÃO DE NATAL, UMA ... 74
CANCIONES CURIOSAS ... 19
CANTA SABIÁ ... 70
CANTOS DE ENCANTAMENTO ... 99
CÃO AZUL E OUTROS POEMAS, O ... 70
CÃO E O GATO, O ... 26
CARAS ENCARADAS ... 99
CARTA, A ... 100
CARTA PARA DEUS, UMA ... 124
CASA ... 40
CASA CHEIA DE MISTÉRIOS, UMA ... 70
CASA DE DELÍCIAS ... 19
CASAL VERDE ... 70
CASAS ... 100
CAVALO ENCANTADO, O ... 66
CHAPÉU SEM PÉ NEM CABEÇA E OUTRAS DOBRADURAS, UM ... 71
CHAPEUZINHO VERMELHO E O ARCO-ÍRIS – UMA HISTÓRIA SEM LOBO ... 19
CHICO PENA AZUL ... 45
CHIIII!! ... 39
CHORINHO DE RIACHO E OUTROS POEMAS PARA CANTAR ... 19

134

◆ Encontre o título *Canta sabiá*. Entre quais nomes ele aparece?

_____

DIVERTIDAMENTE

◆ As letras também podem ser usadas como recurso gráfico. Determinados desenhos feitos com algumas palavras podem nos dar a ideia do que elas significam. Observe estes exemplos.

casA

girafa

gelo

barriga

Cibele Queiroz

◆ Agora é com você!

Escolha duas palavras e crie, para cada uma delas, uma imagem que lembre o que elas significam.

2 ENCONTROS VOCÁLICOS, ENCONTROS CONSONANTAIS E DÍGRAFOS

Leia os cartazes dos filmes.

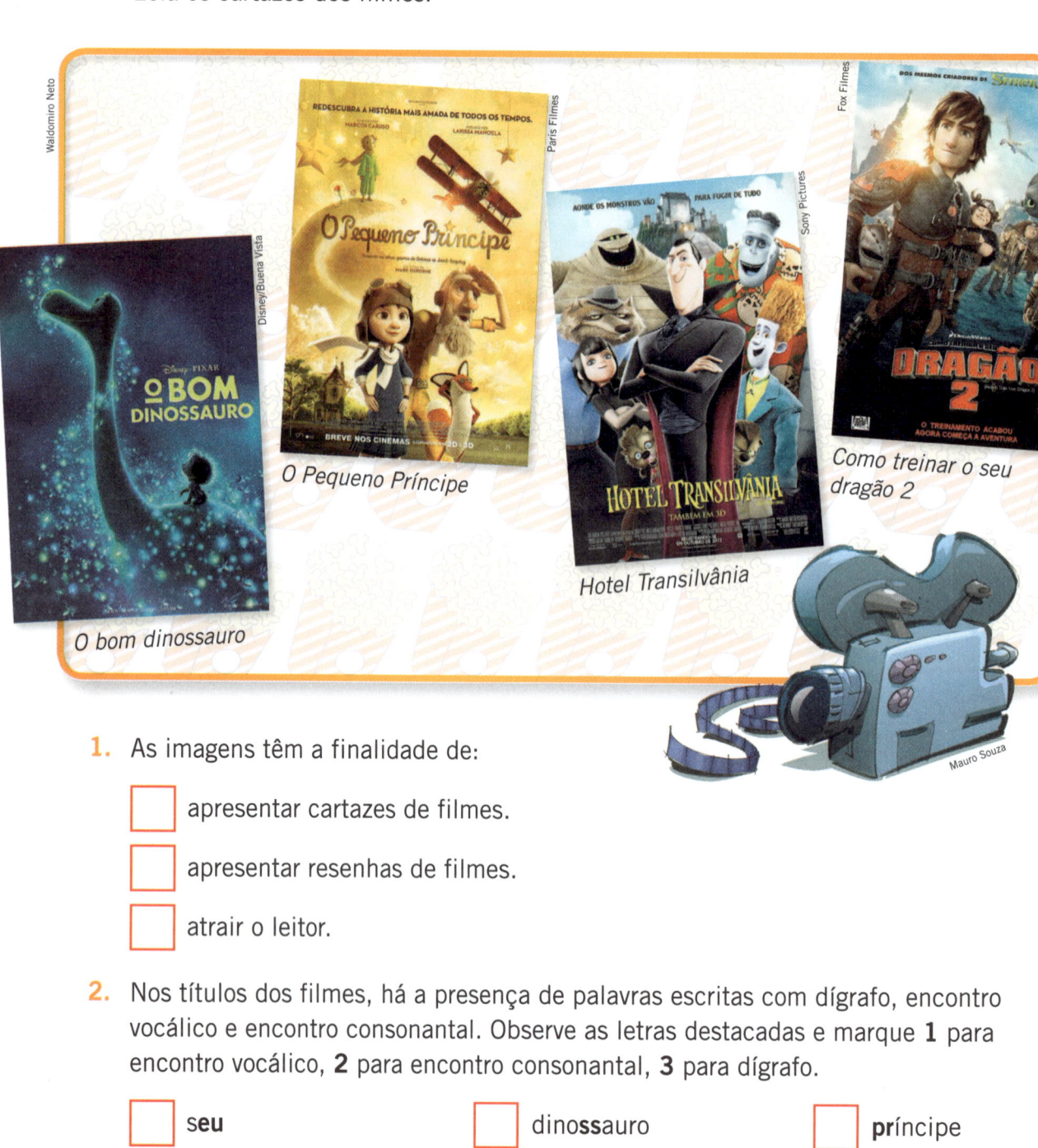

O bom dinossauro

O Pequeno Príncipe

Hotel Transilvânia

Como treinar o seu dragão 2

1. As imagens têm a finalidade de:

   ☐ apresentar cartazes de filmes.

   ☐ apresentar resenhas de filmes.

   ☐ atrair o leitor.

2. Nos títulos dos filmes, há a presença de palavras escritas com dígrafo, encontro vocálico e encontro consonantal. Observe as letras destacadas e marque **1** para encontro vocálico, **2** para encontro consonantal, **3** para dígrafo.

   ☐ s**eu**   ☐ dino**ss**auro   ☐ **pr**íncipe

3. Releia os títulos dos filmes.

a) *Como treinar o seu dragão 2*
   Em **treinar**, temos:

   ☐ hiato.   ☐ tritongo.   ☐ ditongo.

   Em **dragão**, temos:

   ☐ hiato.   ☐ ditongo.   ☐ tritongo.

b) *O bom dinossauro*
   Em **dinossauro**, temos:

   ☐ dígrafo.   ☐ encontro consonantal.

1. Encontros vocálicos

Ditongo	Encontro de dois sons vocálicos em uma única sílaba.	Exemplos: n**oi**te, famí**li**a, maté**ria**
Hiato	Encontro de dois sons vocálicos em sílabas diferentes.	Exemplos: lag**oa**, ener**gia**
Tritongo	Encontro de três sons vocálicos em uma única sílaba.	Exemplo: ag**uou**, ig**uais**

2. Encontros consonantais

Separáveis	Agrupamento de duas ou mais consoantes em sílabas diferentes.	Exemplos: po**rt**uguês, ca**lç**as, fa**lt**a, fi**ltr**o
Inseparáveis	Agrupamento de duas consoantes na mesma sílaba.	Exemplos: e**l**étrico, **fl**oresta, **cr**avo, **pn**eumonia

3. Dígrafos

Encontro de duas letras que representam um único som.	Exemplos: te**rr**or, a**ss**opro, me**lh**ores

ATIVIDADES

1. Circule de azul as palavras com dígrafos e, de vermelho, as palavras com encontro consonantal.

   aviador • borboleta • dia • eólico • graça • igreja • iguais • milharal
   noite • papéis • pássaro • peixe • saguão • torre • vidraça

   a) Leia as palavras que você não pintou. Elas apresentam:

   ☐ encontro consonantal.   ☐ encontro vocálico.

   b) Escreva nos quadros correspondentes as palavras que você não pintou, separando suas sílabas. Depois, circule os encontros dessas palavras.

Palavras com ditongo	Palavras com hiato	Palavras com tritongo
_____	_____	_____
_____	_____	_____
_____	_____	_____

2. Circule o encontro vocálico das palavras da primeira coluna da tabela. Depois, classifique-as e separe as sílabas das palavras.

Palavras	Ditongo, hiato ou tritongo	Sílabas
céu		
muito		
Paraguai		
saúde		

CONCLUA!

Separamos as vogais dos:

☐ ditongos.   ☐ hiatos.   ☐ tritongos.

3. Ligue as colunas. Depois, complete as frases com as palavras que têm o dígrafo **sc**.

Coluna 1
lugar onde nasce um rio
uma das fases da Lua
ficar mais jovem

Coluna 2
rejuvenescer
crescente
nascente

a) Hoje é dia de lua _____.

b) Alimentar-se bem ajuda a _____.

c) A _____ do rio São Francisco fica no estado de Minas Gerais.

4. Leia o texto sobre o filme *Rio 2* e complete-o com as palavras do quadro.

Ditongo	Hiato
famí**lia** • vi**lão**	caca**tua** • tamand**uá**
Encontro consonantal	**Dígrafo**
Pe**dr**o • a**pr**ender	vizi**nh**ança • **ch**amado • fi**lh**os

Em *Rio 2*, [...] a _____ de Jade e Blu tem uma vida domesticada perfeita no Rio, mas Jade decide que as crianças precisam _____ a viver como verdadeiros pássaros e insiste para que a família se aventure na floresta. Enquanto tenta se ambientar na nova _____, Blu se preocupa com a possibilidade de perder Jade e os _____ para o _____ da natureza. Também estão de volta no longa o buldogue Luiz, o tucano Rafael, os periquitos _____ e Nico e o _____, a _____ Nigel, que agora têm como novos parceiros uma pererca e um _____. [...]

Roberto Sadovski, UOL. Disponível em: <http://cinema.uol.com.br/noticias/redacao/2014/03/26/carlos-saldanha-diz-que-conseguiu-explorar-mais-a-brasilidade-em-rio-2.htm>. Acesso em: novembro de 2016.

PARA ESCREVER MELHOR
USO DO DICIONÁRIO

Observe a imagem.

1. Nessa imagem, os livros estão organizados de baixo para cima em ordem alfabética.

    a) Qual é a ordem das letras iniciais do título de cada livro?

    _____

    b) Qual é a utilidade da ordem alfabética no cotidiano?

    _____

2. Leia mais estes títulos de livros.
   Awankana – o segredo da múmia inca, de Giselda L. Nicolelis e Ganymédes José.
   Almanaque da bola, de Alcy e José Santos.
   Aventura na França, de Silvia Cintra Franco.
   Amazônia, de Alan Oliveira.

    a) Coloque-os em ordem alfabética.

    _____

    _____

    _____

    b) Qual letra de cada palavra você teve de observar para colocar os nomes em ordem alfabética?

    _____

3. Você sabe consultar um dicionário corretamente quando precisa?

   a) Observe estas palavras e coloque-as em ordem alfabética.

   aliviar • alfabeto
   almanaque • alga

   _____
   _____

   b) Qual letra de cada palavra você teve de observar para colocar essas palavras em ordem alfabética?

   _____

   CONCLUA!

   Quando as duas letras iniciais são iguais, devemos considerar a ordem alfabética da _____ letra.

4. Agora, coloque estas palavras em ordem alfabética.

   alferes • alfabeto
   Alfredo • alfinete

   _____
   _____

   ◆ O que você teve de observar agora para realizar a atividade?

   _____

   Para consultar o dicionário, observe os seguintes passos:
   1. Quando as palavras começam com a mesma letra, deve-se considerar a ordem alfabética da segunda letra de cada palavra.
   2. Quando as palavras têm as duas primeiras letras iguais, deve-se considerar a ordem alfabética da terceira letra.
   3. Quando as palavras têm as três primeiras letras iguais, deve-se considerar a quarta letra.

   Deve-se proceder sempre da mesma maneira, até encontrar a primeira letra que diferencie as palavras escritas de modo semelhante.

   Há casos em que essa diferença ocorre perto do final da palavra.

   ALFABETIZAÇÃO
   ALFABETIZADO

5. Observe a organização da página de um dicionário para responder às questões.

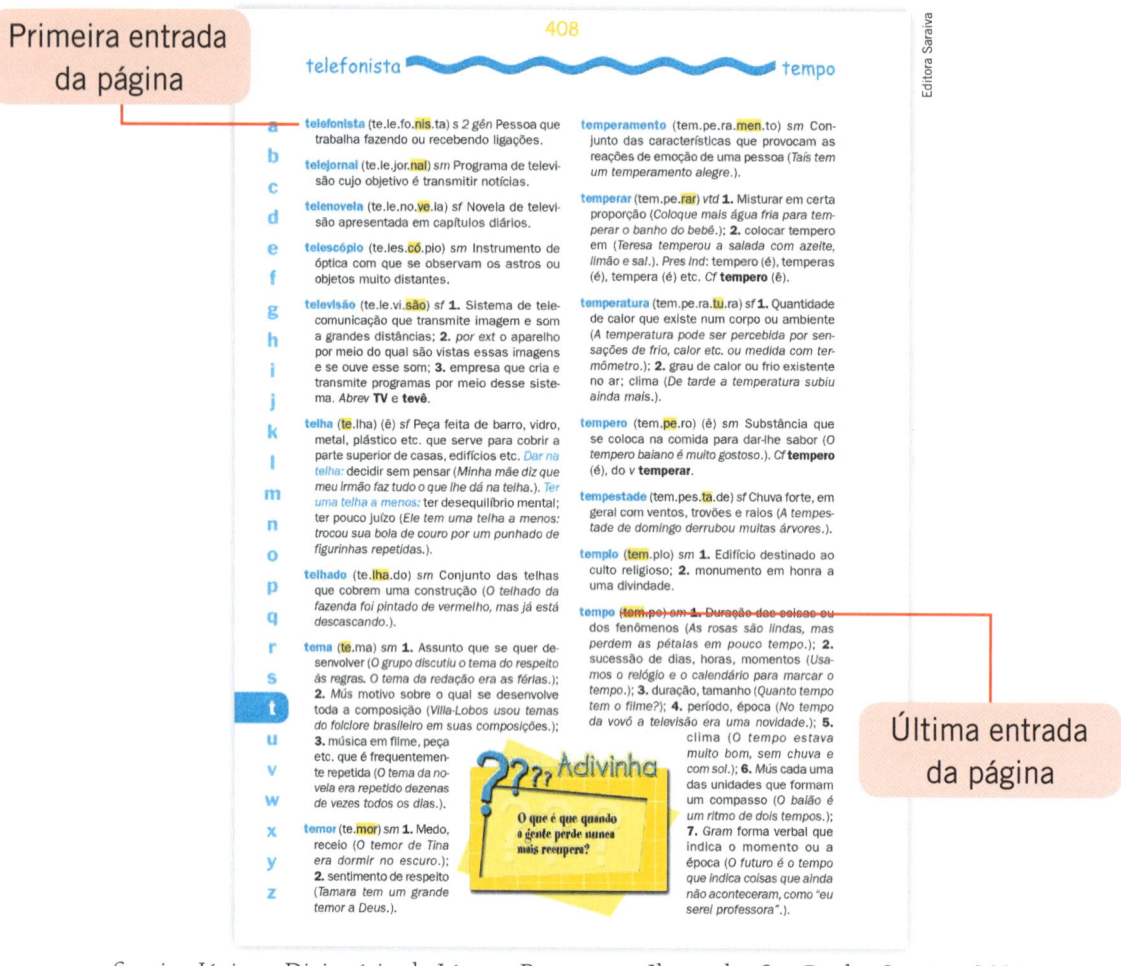

Primeira entrada da página

Última entrada da página

Saraiva Júnior – Dicionário da Língua Portuguesa Ilustrado. São Paulo: Saraiva, 2014.

a) Todas as palavras da página do dicionário estão incluídas entre as duas palavras destacadas no topo, chamadas de **palavras-guias**. Marque as respostas corretas. As palavras-guias:

☐ mostram a ordem alfabética da página.

☐ ajudam a saber quais palavras podem aparecer na página.

☐ indicam a primeira e a última entrada da página.

b) Localize a palavra **temperatura** na página reproduzida acima.

◆ Entre quais palavras ela aparece?

_____

c) A palavra **ter** não aparece nessa página porque:

☐ não aparece nesse dicionário.

☐ deveria aparecer depois de **temor**.

☐ pela ordem alfabética, vem depois de **tempo**.

6. Cada palavra que aparece no dicionário, com seu significado, recebe o nome de **verbete**. No verbete **televisão**, os números indicam os vários sentidos da palavra. Veja ao lado.

> **televisão** (te.le.vi.são) sf **1.** Sistema de telecomunicação que transmite imagem e som a grandes distâncias; **2.** *por ext* o aparelho por meio do qual são vistas essas imagens e se ouve esse som; **3.** empresa que cria e transmite programas por meio desse sistema. *Abrev* **TV** e **tevê**.

Saraiva Júnior – Dicionário da Língua Portuguesa Ilustrado. São Paulo: Saraiva, 2014.

a) A palavra **televisão** tem três sentidos. Qual deles é o sentido por extensão (por ext.), ou seja, outro sentido que a palavra tem, além daquele principal?

_____

_____

b) Quais são as abreviaturas usadas para televisão?

_____

7. Neste quadro, coloque todas as palavras em ordem alfabética observando a quinta letra de cada uma delas.

> invenção • inverno • investigar • invejoso

_____

_____

8. Procure a palavra **invenção** no dicionário e escreva o verbete.

_____

_____

_____

a) Quais são as palavras que aparecem no topo da página do dicionário de que você retirou o verbete **invenção**?

_____

b) Por que é possível saber que **invenção** está nessa página?

_____

_____

25

9. Organize esta lista de compras em ordem alfabética.

```
azeite      ervilha
macarrão    maçã
farinha     óleo
chocolate   queijo
chá         limão
açúcar      tomate
```

_____
_____
_____
_____
_____
_____

a) Quais letras do alfabeto faltam nas iniciais dos nomes de alimentos nessa lista de compra?

_____

b) Escolha três dessas letras que faltam e escreva um nome de alimento com cada uma delas.

_____

10. Esta figura representa duas páginas de um dicionário. Circule as palavras-guias no topo de cada página.

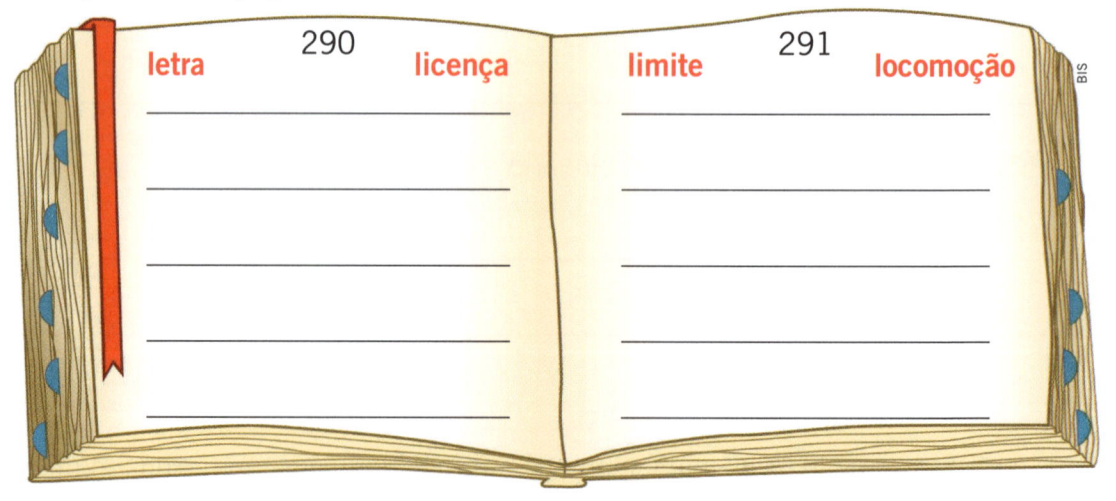

290 letra · licença
291 limite · locomoção

a) Leia as palavras do quadro abaixo e pinte de azul as que devem ficar na página 290 e de vermelho as que devem ficar na página 291.

> localizar • levantar • lobisomem • letra • linha
> limite • leve • liberdade • licença • locomoção

b) Agora, escreva cada palavra na página de dicionário correspondente, seguindo a ordem alfabética.

DIVERTIDAMENTE

Para descobrir a figura escondida no emaranhado, siga o passo a passo.

1. Complete as palavras com letras que representam o som /se/.

2. Pinte os espaços em que há palavras de acordo com a legenda.

   ◆ **AZUL** – se você completou a palavra com o dígrafo **ss**.
   ◆ **AMARELO** – se você completou a palavra com o dígrafo **sc**.
   ◆ **VERDE** – se você completou a palavra com a consoante **c**.
   ◆ **VERMELHO** – se você completou a palavra com a consoante **x**.
   ◆ **ALARANJADO** – se você completou a palavra com a letra **c** com **cedilha**.

Palavras na figura:
- a____o
- pi____ina
- refei____ão
- a____eso
- apre____ado
- au____ílio
- ____edo
- pá____aro
- má____imo
- discu____ão
- a____ado
- na____ente
- a____eio
- a____unto
- abra____o
- a____ude

3 SÍLABA E DIVISÃO SILÁBICA

Leia esta tirinha.

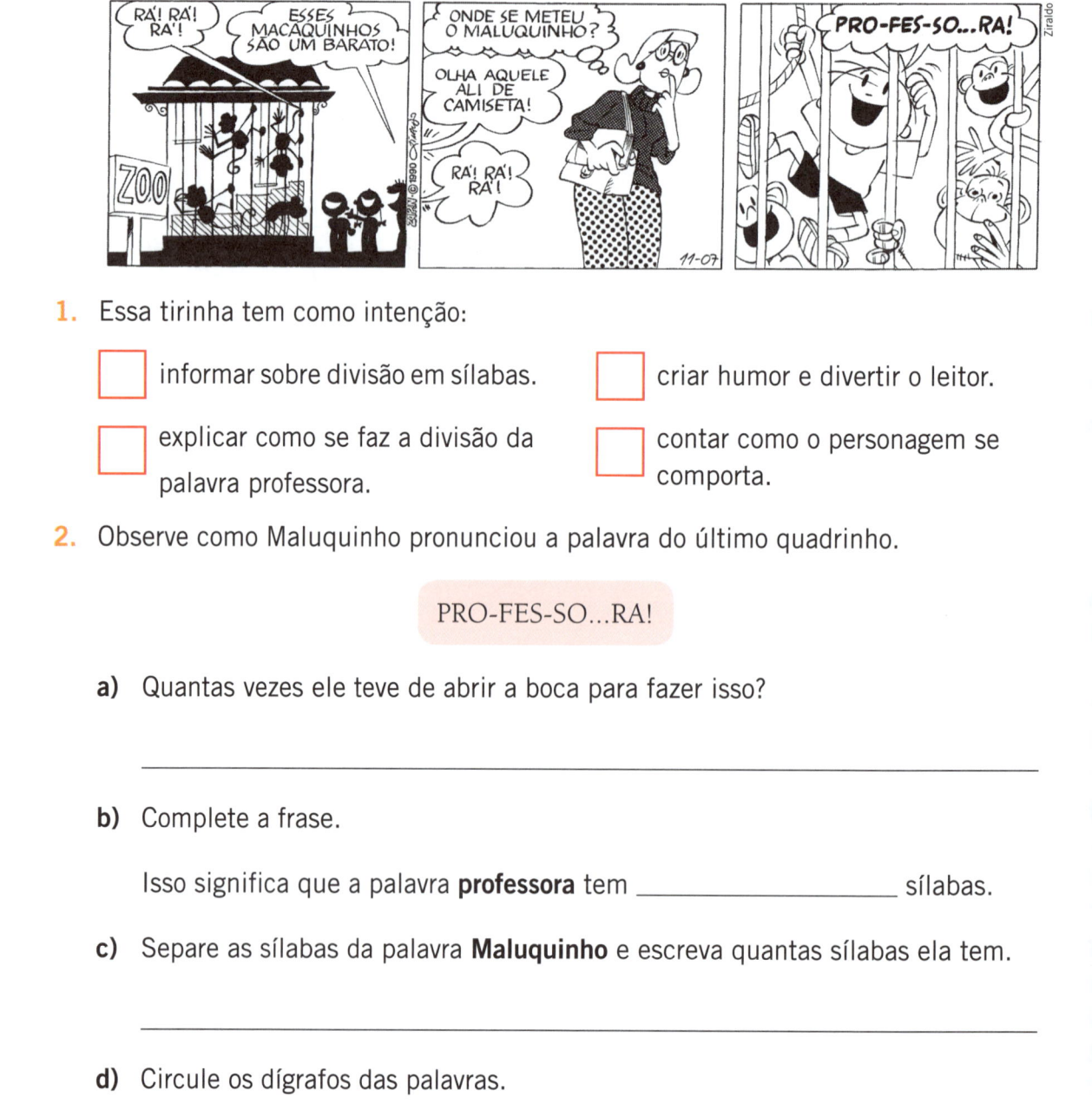

1. Essa tirinha tem como intenção:

   ☐ informar sobre divisão em sílabas.
   ☐ criar humor e divertir o leitor.
   ☐ explicar como se faz a divisão da palavra professora.
   ☐ contar como o personagem se comporta.

2. Observe como Maluquinho pronunciou a palavra do último quadrinho.

   PRO-FES-SO...RA!

   a) Quantas vezes ele teve de abrir a boca para fazer isso?

   _____

   b) Complete a frase.

   Isso significa que a palavra **professora** tem _____ sílabas.

   c) Separe as sílabas da palavra **Maluquinho** e escreva quantas sílabas ela tem.

   _____

   d) Circule os dígrafos das palavras.

   professora   Maluquinho

28

3. As palavras podem ser classificadas de acordo com o número de sílabas que apresentam. Complete o quadro com o que se pede.

Palavra	Divisão em sílabas	Número de sílabas	Classificação
zoológico			
camiseta			
professora			
elefante			
aquele			
menino			
barato			
olha			
burro			
são			
um			

Para fazermos a separação silábica de uma palavra, precisamos identificar as sílabas, os encontros vocálicos, os encontros consonantais e os dígrafos.

Veja as regras para divisão em sílabas.

◆ As vogais que formam os ditongos e os tritongos não se separam.

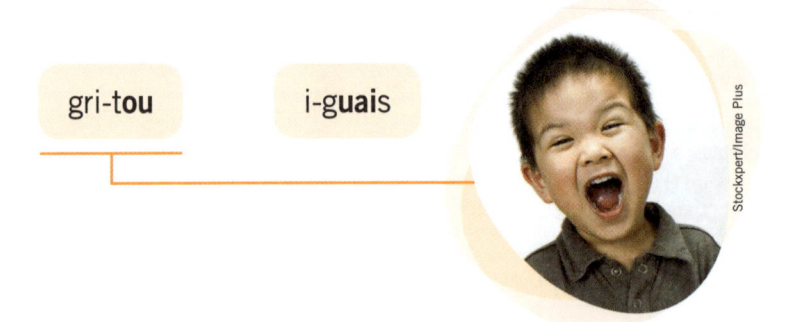

gri-**tou**   i-**guai**s

◆ As vogais que formam os hiatos ficam em sílabas diferentes.

z**o**-**o**-ló-gi-co

◆ Os dígrafos **lh**, **nh**, **ch**, **gu** e **qu** não se separam.

o-**lh**a   Ma-lu-**qui**-**nh**o

◆ Os dígrafos **ss**, **rr**, **sc**, **sç** e **xc** devem ser separados.

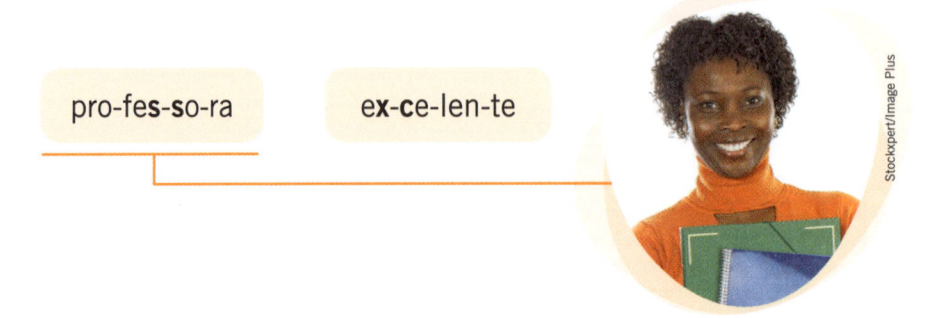

pro-fe**s**-**s**o-ra   e**x**-**c**e-len-te

◆ Os encontros consonantais em que a segunda consoante é **r** ou **l** não se separam.

a-**pr**o-xi-mar   a-**tl**e-ta

◆ Os demais encontros consonantais devem ser separados.

es-co-la   ap-to   cal-ma

ATIVIDADES

1. Leia as palavras e observe as letras destacadas. Divida as palavras em sílabas e complete a frase.

   a) rug**i**u – ag**uo**u – _____

   ◆ Para separar as sílabas, você levou em conta os _____.

   b) c**oo**rdenar – _____

   ◆ Note que o _____ fica em sílabas diferentes.

   c) bi**ch**o – gali**nh**a – _____

   ◆ Nessas palavras, você levou em conta que os _____ não devem ser separados; ficam na _____ sílaba.

   d) **gr**ama – **cl**ima – _____

   ◆ Os encontros consonantais em que a segunda consoante é **r** ou **l** são _____.

   e) na**sc**er – a**lm**ofada – eucali**pt**o – _____
   _____

   ◆ Os demais encontros _____ devem ser separados.

2. Desembaralhe as sílabas e escreva as palavras que você descobriu.

   | VES • A • TRUZ | ÃO • LE | TE • RON • RI • CE • NO |

   _____   _____   _____

   ◆ Agora, escreva cada palavra no quadro correspondente.

Palavra polissílaba	Palavra trissílaba	Palavra dissílaba
_____	_____	_____

31

3. Proponha formas diferentes de divisão silábica para cada palavra. Veja o exemplo.

zoológico ⟶ zoo-lógico; zooló-gico; zoológi-co

avestruzes ⟶ _____

hipopótamos ⟶ _____

nascentes ⟶ _____

4. Escreva os nomes destes animais. Depois, separe as sílabas e pinte os dígrafos das palavras.

_____   _____   _____

_____   _____   _____

_____   _____

_____   _____

CONCLUA!

Na separação de sílabas, os dígrafos **ch**, **lh**, **nh**, **qu** e **gu** ficam:

☐ na mesma sílaba.   ☐ em sílabas diferentes.

5. Ordene as sílabas e forme palavras. Depois, circule os dígrafos.

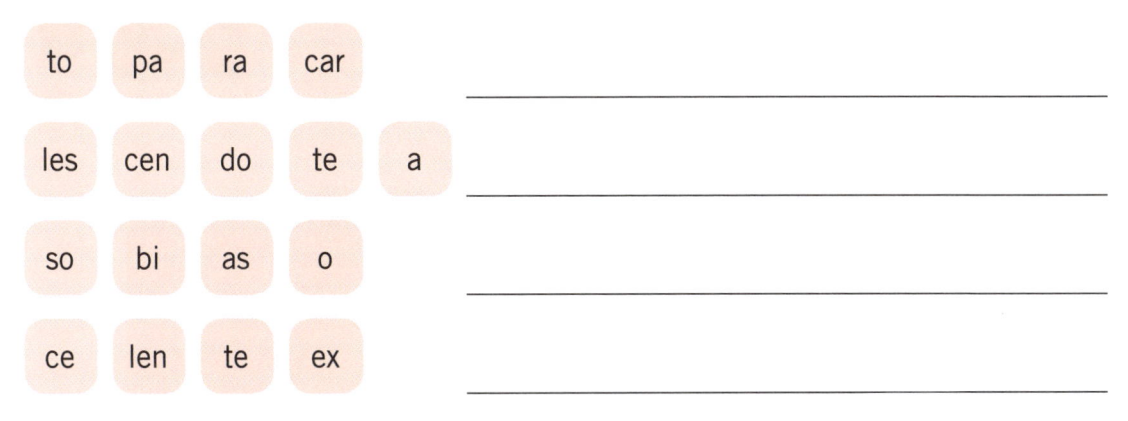

to	pa	ra	car
les	cen	do	te	a
so	bi	as	o
ce	len	te	ex

a) Agora, separe as sílabas das palavras formadas.

b) Na separação de sílabas, os dígrafos **rr**, **ss**, **sc** e **xc** ficam na mesma sílaba ou em sílabas separadas?

6. Leia o trecho de reportagem a seguir. Depois, separe as sílabas das palavras destacadas.

http://g1.globo.com

Em campanha, ONG WWF cortou *slogans* em folhas usando *laser*.

[...] formigas do **Zoológico** de Colônia, na Alemanha, **carregaram** folhas com **mensagens** pedindo a proteção da **floresta** amazônica. [...]

Disponível em: <http://g1.globo.com/natureza/noticia/2015/08/formigas-de-zoo-alemao-carregam-folhas-com-mensagem-pro-amazonia.html>. Acesso em: novembro de 2016.

PARA ESCREVER MELHOR
USO DAS INICIAIS MAIÚSCULAS

Leia as informações sobre uma peça de teatro.

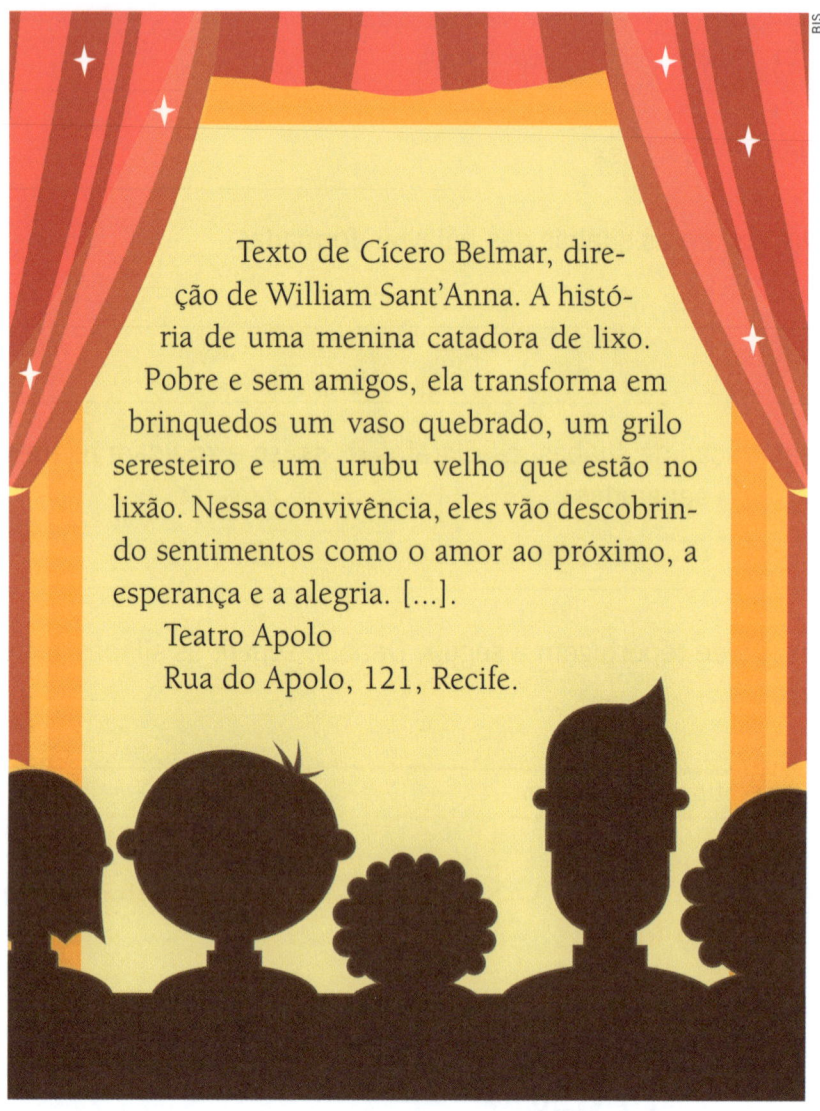

> Texto de Cícero Belmar, direção de William Sant'Anna. A história de uma menina catadora de lixo. Pobre e sem amigos, ela transforma em brinquedos um vaso quebrado, um grilo seresteiro e um urubu velho que estão no lixão. Nessa convivência, eles vão descobrindo sentimentos como o amor ao próximo, a esperança e a alegria. [...].
> Teatro Apolo
> Rua do Apolo, 121, Recife.

Disponível em: <http://www.recife.pe.gov.br/agendacultural/index_eventos.php?AgendaEdicaoAno=10&AgendaEdicaoNumero=105&TiposEventosCodigo=31>. Acesso em: julho de 2016.

1. Complete as frases com as informações acima:

   a) Nomes do autor e do diretor da peça: _____

   b) Nome de uma rua: _____

   c) Nome de uma cidade do Nordeste brasileiro: _____

   d) Nome do local de apresentação da peça: _____

CONCLUA!

De acordo com o que você escreveu:

☐ usamos letra inicial maiúscula em nomes de pessoas, personagens e lugares.

☐ usamos letra inicial maiúscula somente em nomes de pessoas.

2. Leia esta tirinha.

> TEM UMA FESTA NA CASA DA EMÍLIA!
> A BRIGITE VAI? VAI!
> ENTÃO NÃO VOU! MAS O TIAGO VAI...
> ENTÃO EU VOU E LEVO O RODOLFO! E UMA ESTRATEGISTA!!!

Ziraldo. *O Menino Maluquinho 1 – As melhores tiras.* Porto Alegre: L&PM, 1995.

◆ Escreva todos os nomes próprios que há na tirinha.

_____

3. Complete os títulos de jornais e revistas com as letras que faltam.

Jornais	Revistas
____ ____arde (Salvador)	____iência ____oje das ____rianças
____ornal da ____araíba	____uperinteressante
____ ____araná	____ênios
____ ____stado de S. ____aulo	____ecreio

a) Para completar esses títulos, você usou letras iniciais:

☐ maiúsculas. ☐ minúsculas.

b) Complete a frase.

Usamos letras iniciais maiúsculas nos títulos de livros, _____

e _____.

4. Leia este texto e explique por que foram usadas as iniciais maiúsculas destacadas.

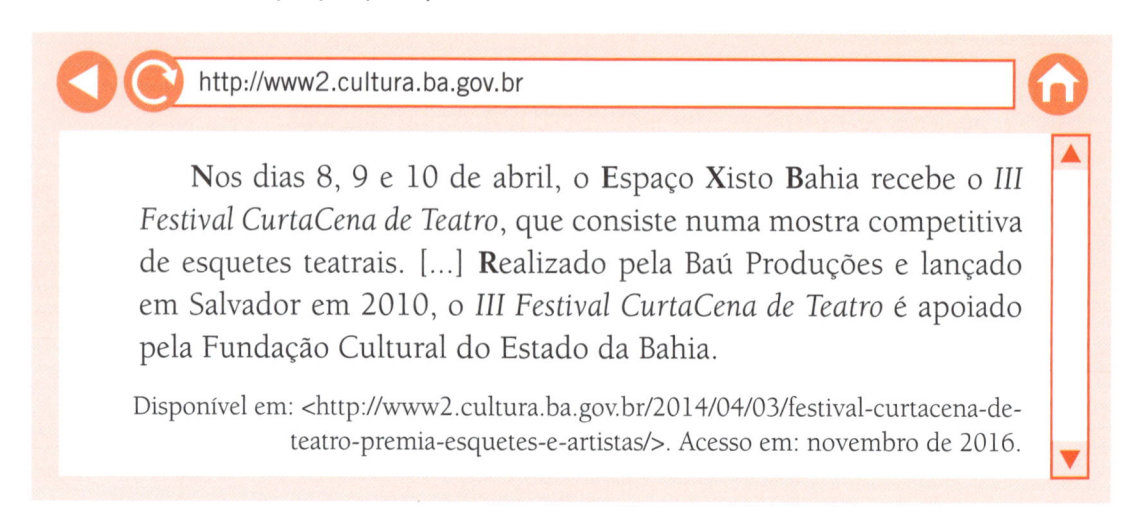

> http://www2.cultura.ba.gov.br
>
> Nos dias 8, 9 e 10 de abril, o Espaço Xisto Bahia recebe o *III Festival CurtaCena de Teatro*, que consiste numa mostra competitiva de esquetes teatrais. [...] Realizado pela Baú Produções e lançado em Salvador em 2010, o *III Festival CurtaCena de Teatro* é apoiado pela Fundação Cultural do Estado da Bahia.
>
> Disponível em: <http://www2.cultura.ba.gov.br/2014/04/03/festival-curtacena-de-teatro-premia-esquetes-e-artistas/>. Acesso em: novembro de 2016.

Nos dias ⟶ _____

Espaço Xisto Bahia ⟶ _____

Realizado pela ⟶ _____

5. Alguns nomes de festas tradicionais são escritos com letra inicial maiúscula. Observe as fotografias e escreva o nome adequado para cada festividade. Para ter certeza em relação ao uso de letra maiúscula, pesquise no dicionário o nome das festas.

bumba meu boi • natal • páscoa

EURECA!

◆ Descubra a palavra que se refere a cada significado. **Atenção:** só valem as respostas que apresentem o que se pede entre parênteses.
Quem terminar primeiro deve gritar: **Eureca!**
Se todas as palavras estiverem corretas, ganhará o jogo quem gritou primeiro!

Aquilo que se plantou; terreno plantado.
(3 sílabas com ditongo) → _____

Processo que uma planta sofre para adaptar-se a um novo local.
(4 sílabas, com encontro consonantal) → _____

Produzir flores, florir.
(3 sílabas, com dígrafo) → _____

Estação do ano em que algumas plantas perdem suas folhas.
(3 sílabas, com ditongo) → _____

Processo pelo qual as plantas produzem glicose, na presença de luz.
(5 sílabas, com dígrafo) → _____

Ninho de formigas; conjunto de formigas que habitam o mesmo local.
(4 sílabas, com dígrafo) → _____

Borrifar plantas com água.
(2 sílabas, com ditongo) → _____

Que produz frutos.
(4 sílabas, com encontro consonantal) → _____

4 SINAIS GRÁFICOS

Observe a imagem e leia os textos.

ALIMENTOS regionais brasileiros
Saiba mais sobre alguns itens presentes na alimentação dos brasileiros e que trazem grandes benefícios no dia a dia:

Região Norte

Araçá
O araçazeiro vem sendo bastante estudado, principalmente pelas excelentes características de suas frutas, que podem apresentar entre quatro a sete vezes mais vitamina C que as frutas cítricas.

Buriti
Fruto de alto valor nutritivo, é uma das maiores fontes de vitamina A que a natureza oferece. O buriti contém betacaroteno no óleo extraído em uma concentração quase dez vezes maior do que a do óleo de dendê.

Jambo
É encontrado nos estados das Regiões Norte, Nordeste e nas regiões quentes do Sudeste. A colheita se dá de janeiro a maio e o fruto contém vitaminas A, B1, B12, além de cálcio, ferro e fósforo.

Região Nordeste

Ciriguela
Fruto extremamente rico em carboidratos, cálcio, fósforo, ferro e vitaminas A, B e C. Utilizado para o preparo de sucos, sorvetes, geleias e compotas e também no preparo de bebidas fermentadas, vinhos e bebidas geladas.

Maxixe
Os frutos são fonte de sais minerais, principalmente zinco, e têm poucas calorias.

Inhame
As túberas do inhame são altamente energéticas, ricas em carboidratos, amido, vitaminas do complexo B e minerais. Possuem baixo teor de gorduras e são reconhecidas pelas propriedades depurativas do sangue.

Região Centro-Oeste

Araticum
Pode ser considerado boa fonte de lipídios e de fibras. É um fruto comestível, doce e muito cheiroso.

Baru
Tem alto valor nutricional, superando os 26% de teor de proteínas encontrados no coco-da-bahia. A amêndoa é rica em cálcio, fósforo e manganês, contém 45% de óleos e o valor proteico e o gosto se assemelham aos do amendoim.

Cagaita
Fruto suculento, sendo considerado boa fonte de vitamina B2, cálcio, magnésio e ferro.

Região Sudeste

Jambolão
O principal mineral encontrado nessa fruta é o fósforo e a vitamina em maior abundância é a C.

Chuchu
Apresenta sabor suave, fácil digestibilidade, alto teor em fibras e possui baixa caloria. Destaca-se como fonte de potássio e vitaminas A, B1 e C.

Rúcula
É rica em sais minerais, como ferro, cálcio e fósforo, e em vitaminas A e C. É apreciada pelo sabor picante e cheiro acentuado.

Região Sul

Nectarina
Rica em vitamina A, niacina (vitamina do complexo B) e, em menor quantidade, vitaminas C, K, B5, ferro e pectina, que ajuda a controlar os níveis de colesterol do sangue.

Almeirão
Fornece vitaminas A, C e do complexo B, além de ser boa fonte de fósforo e ferro.

Repolho
Rico em fibras, sais minerais e vitaminas do complexo B, E e K.

Fonte: Ministério da Saúde
Portal Brasil/Governo Federal

Disponível em: <www.brasil.gov.br/saude/2015/03/alimentos-regionais-brasileiros/view>. Acesso em: novembro de 2016.

1. A finalidade desse texto é:

    ☐ mostrar alimentos.

    ☐ contar a história dos alimentos.

    ☐ mostrar alimentos que só há no Brasil.

    ☐ informar sobre alimentos regionais brasileiros que trazem benefícios à saúde.

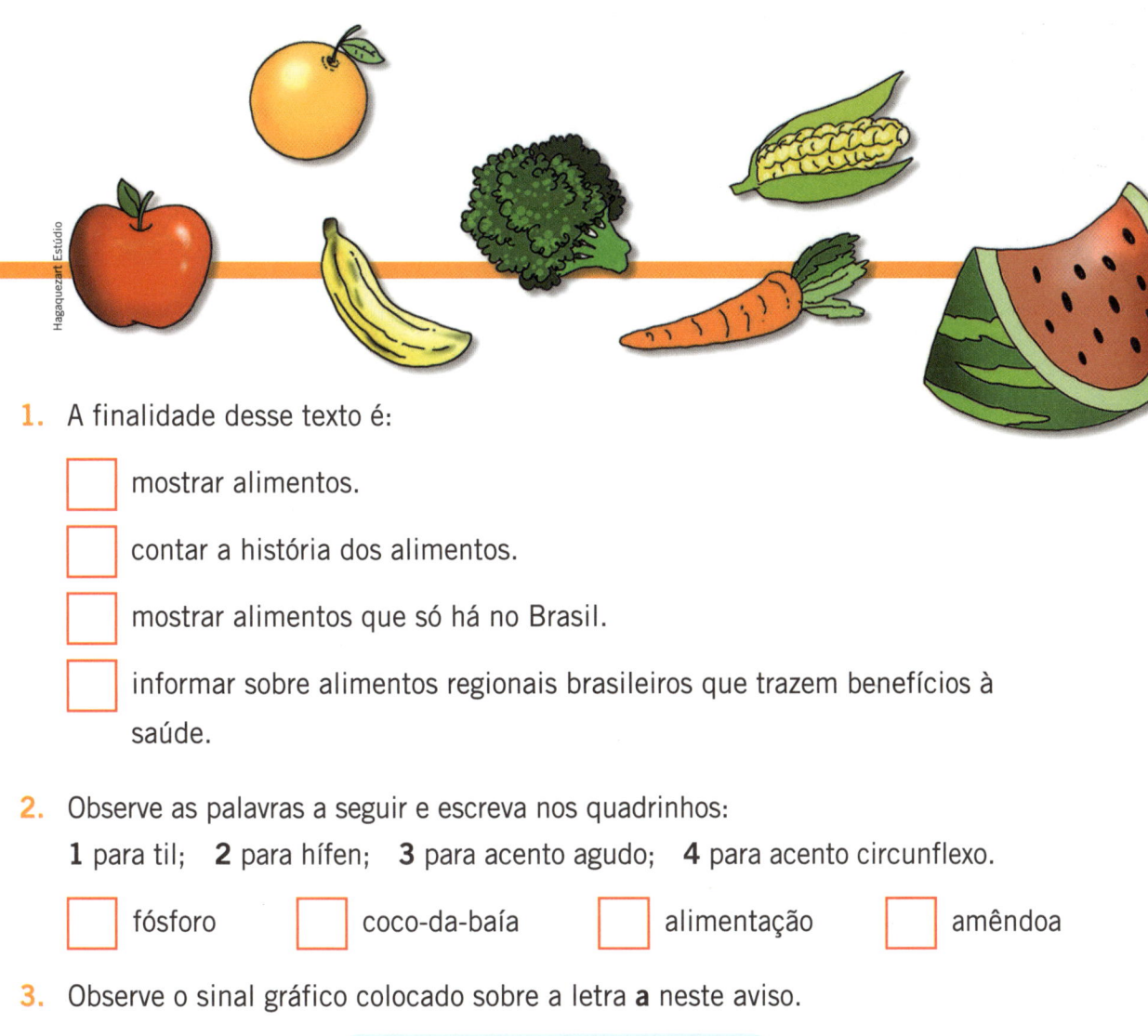

2. Observe as palavras a seguir e escreva nos quadrinhos:
    1 para til;   **2** para hífen;   **3** para acento agudo;   **4** para acento circunflexo.

    ☐ fósforo   ☐ coco-da-baía   ☐ alimentação   ☐ amêndoa

3. Observe o sinal gráfico colocado sobre a letra **a** neste aviso.

    COCO-DA-BAÍA GELADO

    Barraca à esquerda do farol.

    O sinal gráfico presente em **à** é o **acento grave**. Ele é utilizado sobre a letra **a** em algumas expressões femininas.

39

a) Marque com um **X** as frases em que a letra **a** deve receber o acento grave.

- [ ] A tarde, costumo passear.
- [ ] A tarde está bonita.
- [ ] A noite está estrelada.
- [ ] A noite, vemos estrelas no céu.

b) Escreva as frases que você marcou, colocando o acento grave na letra **a**.

_____

_____

_____

Os sinais gráficos são auxiliares na escrita. Veja o quadro.

Sinal gráfico	Uso na escrita
´ acento agudo	• Usado sobre as vogais **a, e, i, o, u**. Nas vogais **e** e **o**, indica som aberto: atrav**é**s, av**ó**.
^ acento circunflexo	• Usado sobre as vogais **a, e** e **o**, indica som fechado: C**â**mara, m**ê**s, av**ô**.
~ til	• Usado sobre as vogais **a** e **o**, indica som nasal: regi**ã**o, m**ã**e, le**õ**es.
¸ cedilha	• Colocada embaixo da letra **c** antes das vogais **a, o, u**, representa o som /se/: for**ç**a, po**ç**o, a**ç**úcar.
` acento grave	• Aplicado sobre a letra **a** em expressões femininas: **à** meia-noite, **à** esquerda.
- hífen	• Separa os termos de uma palavra composta: beija-flor, leão-marinho. • Liga o verbo ao pronome: entregou-me, afastem-se. • Indica a separação de sílabas: al-mo-ço, vi-a-gem.

ATIVIDADES

1. Forme palavras com as letras das colunas. Depois, escreva as palavras no quadro.

Coluna 1	Coluna 2	Palavras
irm	ão	
ím		
m	õe	
órf		
p	ãe	
rep		
adaptaç	ã	

2. Encontre no diagrama o nome de nove alimentos.

GUI	FRE	VU	SA	HOR	MA	DRA	NO	BA
A	ÇA	Í	JU	TE	RA	PÊS	QUE	GUA
JI	A	GRI	ÃO	LÃ	CU	SE	RON	RA
GO	BOS	PA	FRO	SSO	JÁ	GO	TE	NÁ
TRE	TI	ÇO	LA	RAN	JA	-	PE	RA
RI	CA	CA	NA	AR	ROZ	-	DO	CE

◆ Escreva na linha correspondente as palavras que você encontrou.

til	
cedilha	
hífen	
acento circunflexo	
acento agudo	

3. Leia este texto.

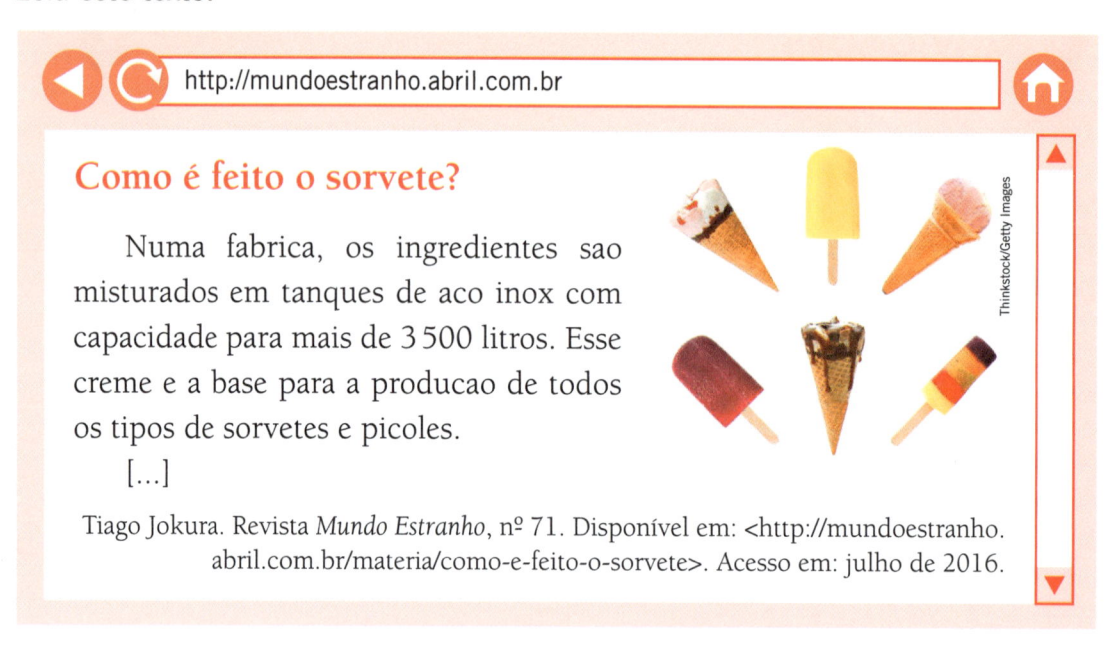

http://mundoestranho.abril.com.br

Como é feito o sorvete?

Numa fabrica, os ingredientes sao misturados em tanques de aco inox com capacidade para mais de 3 500 litros. Esse creme e a base para a producao de todos os tipos de sorvetes e picoles.
[...]

Tiago Jokura. Revista *Mundo Estranho*, nº 71. Disponível em: <http://mundoestranho. abril.com.br/materia/como-e-feito-o-sorvete>. Acesso em: julho de 2016.

◆ Quais palavras do texto precisam de sinal gráfico? Escreva-as no quadro correspondente, colocando os sinais que faltam.

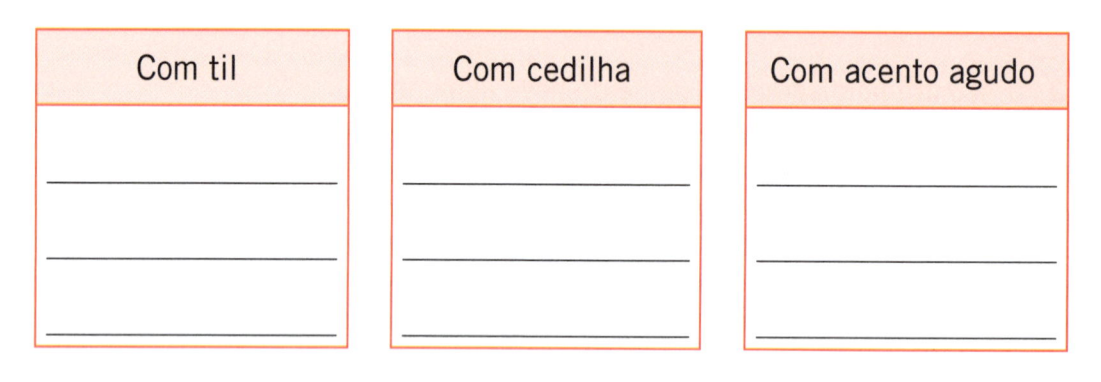

Com til	Com cedilha	Com acento agudo

4. Complete as frases com as expressões do quadro.

> às oito horas • à direita • à força

a) Muitos animais silvestres são capturados _____ nas matas brasileiras.

b) Para chegar ao cinema, vire _____.

c) As minhas aulas começam _____.

◆ Marque com um **X** o nome do acento empregado nessas expressões.

☐ acento agudo   ☐ acento circunflexo   ☐ acento grave

5. Acrescente **à** ou **às** a cada palavra ou expressão.

_____ tarde   _____ vezes   _____ cinco horas   _____ meia-noite

◆ Escolha uma expressão que você formou e faça uma frase com ela.

_____

_____

6. Desembaralhe as sílabas e descubra o nome dos animais.

Pista: estas palavras são escritas com hífen.

a a ba lei zul

flor ja bei

ri le nho ão ma

dou mi le ra ão do co

◆ Marque com um **X** a resposta correta.

☐ Empregamos o hífen para separar os termos de uma palavra composta.

☐ Empregamos o hífen para ajudar na pronúncia das palavras.

7. Acrescente sinais gráficos nestas palavras e leia-as em voz alta.

bebe   maio   louca

faca   mas   nos

CONCLUA!

☐ A colocação de um sinal gráfico não modifica o significado de uma palavra.

☐ A colocação de um sinal gráfico pode modificar o significado de uma palavra.

PARA ESCREVER MELHOR
ORTOGRAFIA: E, I, EI/O, U, OU

Leia esta parlenda.

O macaco foi à feira
não sabia o que comprar.
Comprou uma cadeira
pra comadre se sentar.
A comadre se sentou
a cadeira esborrachou.
Coitadinha da comadre
foi parar no corredor.

Parlenda popular.

1. Observe no diagrama a palavra destacada. Complete-o com as outras palavras do quadro.

assadeira • capoeira • cozinheiro • feira • teimoso

				E	I		
				E	I		
C	A	D	E	I	R	A
				E	I		
				E	I		
				E	I		

2. Troque a vogal **i** pelo ditongo **ei** e forme outras palavras.

fio _____   tia _____

mia _____   chia _____

◆ Complete os provérbios com algumas das palavras que você formou.

a) A bom entendedor, _____ palavra basta.

b) Quando a barriga está _____, toda goiaba tem bicho.

3. Leia este cardápio de pratos principais e sobremesas. Complete com **e/ei** ou com **o/ou**.

Pratos principais

Torta de carangu____jo

Quibe de band____ja

Salmão int____ro com ervas

C____stela assada

Sobremesas

B____jo gelado

Bolo de cen____ra

Bolo t____alha felpuda

Creme d____rado

◆ Agora, escreva nos quadros as palavras que você completou.

Palavras com e	Palavras com ei	Palavras com o	Palavras com ou

4. Encontre no diagrama dez palavras.

ZI	TA	BU	A	DA	TA	FRE	TIL	XU
JA	BU	TI	EN	TU	PI	DA	EN	NA
TU	YE	JO	MO	RÃO	MU	HI	GO	ÇÃO
TE	CO	PI	CHI	NO	SO	GO	LIR	NO
RI	BRIR	RU	LA	DRA	EX	RU	NA	DRA
NO	DRA	LI	MA	SA	PLO	A	CU	DIR
QUE	PES	TO	A	LHA	DIR	PRA	A	JU

◆ Escreva as palavras que você encontrou nos quadros correspondentes.

Palavras escritas com o	Palavras escritas com u

DIVERTIDAMENTE

Quem é a intrusa?

◆ Nesta página, há uma palavra intrusa.
Descubra que palavra é essa e explique por que ela é intrusa.

dinheiro
jeito   companheiro
        sei
terceiro   leiteira
        janeiro
espontâneo
        leito   azeite
primeiro
        enfeite

_____
_____
_____

REVISÃO

1. Leia estes provérbios e pinte as palavras com encontros vocálicos.

    a) Cada qual canta como lhe ajuda a garganta.

    b) Gato escaldado tem medo de água fria.

    c) Para quem está perdido, qualquer mato é caminho.

    ◆ Marque com um **X** onde há o mesmo encontro vocálico de algumas palavras acima.

    ☐ dinossauro ☐ Paulo ☐ quase ☐ mágoa

    ☐ aquático ☐ roupa ☐ saúde ☐ enquanto

2. Complete a cruzadinha.
   Atenção: escreva uma sílaba em cada espaço.

    1 Gás eliminado na nossa respiração.
    2 O contrário de **estreito**.
    3 O maior mamífero dos oceanos.
    4 Tipo de chapéu que os mágicos usam.
    5 Tudo o que se refere à escola.
    6 Vitória por grande diferença de gols.

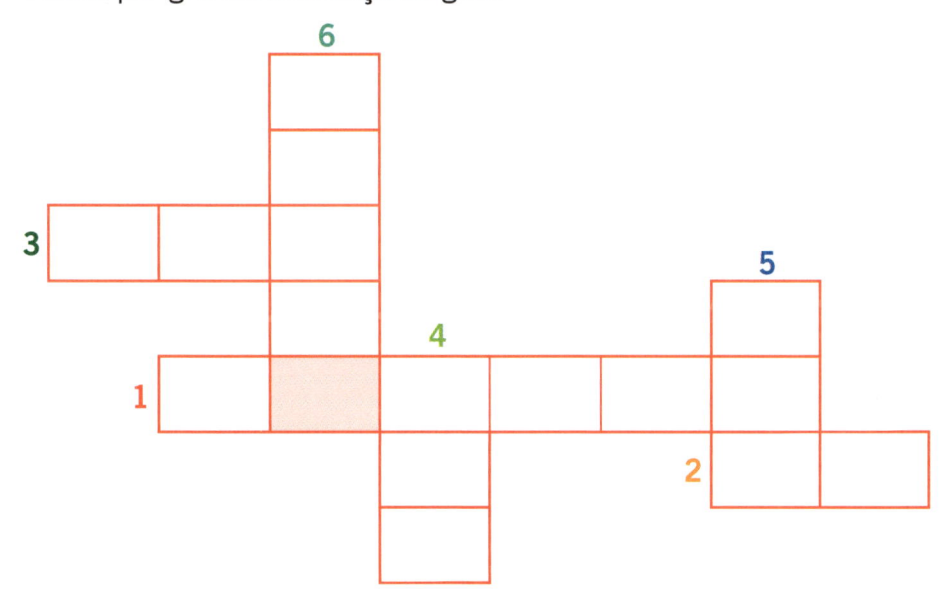

    ◆ Pinte de azul as palavras com encontro consonantal e de amarelo as com encontro vocálico.

3. Complete os avisos com as palavras do quadro.

> contribuição • diversão • exposição • inscrição • suspensão

Atenção! _____ de projetos na sala 2.

Festa junina no dia 14! _____ para toda a família!

Show de talentos. Faça já a sua _____!

Importante: caso chova amanhã, poderá haver _____ do passeio.

Campanha do agasalho: dê sua _____.

◆ Pinte os ditongos das palavras que você escreveu.

4. Relacione as palavras da primeira coluna aos locais em que podem ser usadas.

acesso	em um clube
ascensorista	no elevador
assinatura	na entrada de um hotel
fascinante	na banca de revistas
fascículo	em uma exposição de quadros
piscina	em documentos

◆ Pinte de azul o dígrafo **ss** e de vermelho o dígrafo **sc**.

48

5. Ordene as sílabas e forme palavras.
   Depois, marque com um **X** a coluna correta.

lha	es	pa
quei	is	ro
ca	is	
ro	pir	es

   _____

   _____

   _____

   _____

Palavras	
es	is

6. Pinte os encontros vocálicos. Depois, separe as sílabas das palavras e classifique-as de acordo com o número de sílabas.

Palavras	Separação de sílabas	Classificação
coroa		
iate		
maestro		
melancia		

   a) Qual é o tipo de encontro vocálico presente nessas palavras?

   _____

   b) Nesses encontros vocálicos, as vogais ficam na mesma sílaba ou em sílabas separadas?

   _____

7. Quais são os sinais gráficos que aparecem nesta parlenda?

   Um, dois, feijão com arroz,
   Três, quatro, feijão no prato,
   Cinco, seis, falar inglês,
   Sete, oito, comer biscoito,
   Nove, dez, comer pastéis.

   Parlenda popular.

   ☐ til, hífen e acento agudo   ☐ til, acento circunflexo e acento agudo

5 ACENTUAÇÃO GRÁFICA I

Leia o texto.

Por que o nosso planeta se chama Terra se a maior parte é composta por água?

Os mares cobrem cerca de 3/4 da superfície da Terra, mas o conhecimento dessa proporção é relativamente recente. Até a Idade Média, o mundo conhecido pela cultura ocidental se restringia à Europa, parte da Ásia e da África. A partir das Grandes Navegações se começou a perceber o tamanho dos oceanos. A União Astronômica Internacional, que designa o nome dos objetos astronômicos, já na sua fundação, em 1919, reconhecia os nomes dos deuses greco-romanos para os planetas. O nome "Terra" vem de Tellus, deusa do solo fértil no panteão romano, equivalente a Gaia, que para os gregos representava a "Mãe Terra". Gaia também é chamada de Gæa ou Ge, ligada ao elemento "terra".

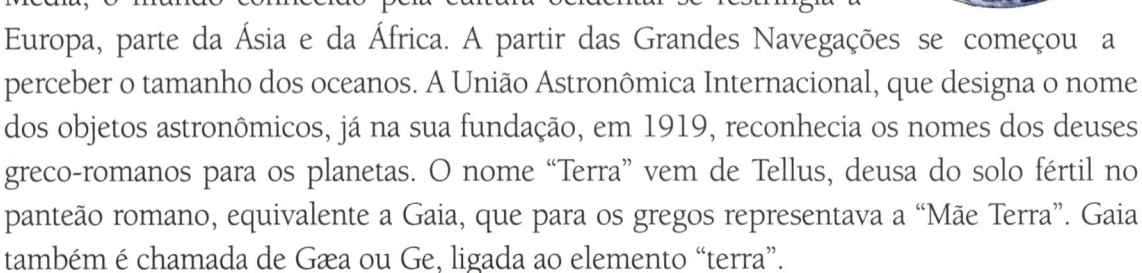

Disponível em: <http://revistagalileu.globo.com/Galileu/0,6993,ECT352860-1716-2,00.html>.
Acesso em: novembro de 2016.

1. Esse texto:

   ☐ conta a história dos deuses gregos.

   ☐ explica por que os antigos deram à Terra esse nome.

   ☐ informa sobre a origem da Terra.

2. Leia em voz alta estas palavras do texto. Pinte as sílabas que você pronunciou com mais força.

   fértil • planetas

   Nas palavras de duas ou mais sílabas, há sempre uma sílaba pronunciada com mais intensidade, que recebe o **acento tônico**. Ela é a sílaba tônica.

3. Circule a sílaba tônica destas palavras do texto.

   Ásia • proporção • deuses • mundo • superfície

a) Todas essas palavras têm acento tônico? _____

b) Todas essas palavras têm acento gráfico? _____

4. De acordo com a posição da sílaba tônica, as palavras podem ser classificadas em oxítonas, paroxítonas e proparoxítonas.

a) Complete o quadro com as sílabas das palavras. Veja o exemplo.

				antepenúltima	penúltima	última
oxítonas	até				a	té
	ocidental					
paroxítonas	Média				Mé	
	Europa					
proparoxítonas	África					
	Astronômica					

b) Pinte os quadrinhos das sílabas tônicas.

c) Agora, observe o quadro preenchido e complete o texto abaixo.

As palavras oxítonas recebem o acento tônico na _____ sílaba. As paroxítonas recebem o acento tônico na _____ sílaba e as proparoxítonas, na _____ sílaba.

d) Todas as sílabas tônicas têm acento gráfico? ☐ sim ☐ não

ATIVIDADES

1. Pinte de vermelho as sílabas tônicas destas palavras e classifique-as em **oxítonas**, **paroxítonas** ou **proparoxítonas**.

    superfície _____   último _____

    proporção _____   deuses _____

    partir _____   pétala _____

    também _____   elemento _____

2. Pronuncie estas palavras em voz alta, observando a posição da sílaba tônica. Coloque o acento gráfico quando for necessário.

    > America • aquatico • arquipelago • liquido • litoral
    > maritimo • oceania • oceano • solido

    a) Agora, escreva as palavras que você acentuou graficamente.

    _____

    _____

    b) As palavras que você escreveu são:

    ☐ oxítonas.

    ☐ paroxítonas.

    ☐ proparoxítonas.

    ### CONCLUA!

    As palavras proparoxítonas recebem acento gráfico:

    ☐ sempre.   ☐ às vezes.

    Suponha que alguém peça ajuda para saber se deve acentuar as palavras proparoxítonas. Escreva a regra que você indicaria a essa pessoa.

    _____

    _____

3. Leia o nome destes mares e oceanos. De acordo com a regra que você aprendeu, escreva o acento quando for necessário.

- Oceano Atlantico
- Oceano Pacifico
- Mar Baltico
- Oceano Glacial Artico
- Oceano Indico
- Mar do Norte

4. Estas palavras do quadro são oxítonas. Escreva o acento quando for necessário.

> alguem • cafe • caracol • Equador • funil • mergulhar
> parabens • respiração • robo • sofa • tambem • voce

a) Escreva na cruzadinha as palavras que você acentuou.

(cruzadinha com letras Ê, É, Ô, É, U, Á)

b) Por que a palavra **respiração** não entrou na cruzadinha?

_____
_____
_____
_____

CONCLUA!

Acentuamos as palavras **oxítonas** terminadas em:

☐ r, a, e, o, em.

☐ a, e, o, em, ens.

☐ a, e, o, I, em, ens.

5. Leia as palavras e observe os acentos gráficos nas sílabas tônicas.

> atrás • Goiás • inglês • armazéns • português • retrós

◆ Complete a frase.

As palavras _____ terminadas em **a, e, o, em**, quando seguidas de **s**, também precisam ser _____ na escrita.

6. Leia este diálogo, observando os trechos destacados.

> — Você gostaria de **conhecer o rio São Francisco**?
> — Sim, adoraria **conhecê-lo**.

◆ Reescreva a segunda frase de cada trecho a seguir, substituindo as palavras destacadas por **-lo, -la, -los, -las**, conforme o exemplo acima.

a) Há regiões do planeta pouco conhecidas. Poucos exploradores foram visitar **essas regiões**.

_____

b) Existem plantas e animais que desconhecemos. Seria interessante estudar **essas plantas e esses animais**.

_____

c) A água do mar está repleta de plâncton, grupo de seres minúsculos. Muitas baleias costumam usar o **plâncton** como alimento.

_____

PARA ESCREVER MELHOR
USO DO DICIONÁRIO

Leia o texto e observe as palavras destacadas.

A água da chuva é potável?

[...] "Em uma cidade grande, a chuva tem vários contaminantes. No campo e nas florestas ela é mais **limpa**", diz a química Adalgiza Fornaro, da USP. Mas não existe chuva pura, composta só de água, em nenhum lugar do mundo. A razão é simples: quando as **gotinhas** se formam, elas **reúnem** um pouco de tudo o que está na atmosfera ao redor. Assim, o coquetel chuvoso tem água, é claro, mas também partículas sólidas e gases que ficam em suspensão. [...]

Disponível em: <http://mundoestranho.abril.com.br/ambiente/a-agua-da-chuva-e-potavel>.
Acesso em: novembro de 2016.

1. Se você quisesse saber o significado de palavras como **limpa**, **gotinhas** e **reúnem**, como faria para localizá-las no dicionário? Leia estes verbetes.

> Forma masculina.

limpo (lim.po) *adj* **1.** Sem sujeira (*Os sapatos do professor estavam sempre limpos*). Antôn **sujo**; **2.** sem nuvens, claro (*O céu está limpo hoje.*); **3.** *fig* honesto (*Ele teve um comportamento limpo com o professor*); **4.** bem-feito (*Lana fez um trabalho limpo.*).

Saraiva Júnior – Dicionário da Língua Portuguesa Ilustrado. São Paulo: Saraiva, 2014.

gota (go.ta) (ô) *sf* Pingo; quantidade pequena de qualquer líquido que, enquanto cai, fica com a forma de uma pera (*Minha mãe tempera a salada com algumas gotas de limão*).

Saraiva Júnior – Dicionário da Língua Portuguesa Ilustrado. São Paulo: Saraiva, 2014.

> Forma singular e no grau normal.

> Verbo sem ser conjugado.

reunir (re.u.nir) (e-u) *vtd* **1.** Unir de novo (*A menina reuniu os livros que haviam caído e se espalhado pelo chão*); **2.** juntar, formar um grupo (*Ricardo reuniu seus companheiros para decidirem quem ia ser o líder da brincadeira.*); *vp* **3.** encontrar-se (*Rubens não pôde reunir-se com seus amiguinhos porque tinha de fazer a lição de casa.*).

Saraiva Júnior – Dicionário da Língua Portuguesa Ilustrado. São Paulo: Saraiva, 2014.

a) É possível localizar no dicionário um adjetivo no feminino, como **limpa**? Por quê?

_____

_____

_____

b) É possível localizar no dicionário um substantivo no diminutivo, como **gotinha**? Por quê?

_____

_____

_____

c) É possível localizar no dicionário uma forma verbal como **reúnem**? Por quê?

_____

_____

_____

CONCLUA!

◆ As palavras aparecem no dicionário:

☐ na forma singular.

☐ na forma plural.

◆ As palavras são localizadas pela forma:

☐ feminina.

☐ masculina.

◆ As palavras **reúnem**, **tem**, **existe** e **ficam** são localizadas pelas formas:

☐ **reúne, tem, existe** e **fica**.

☐ **reunir, ter, existir** e **ficar**.

2. Observe o uso da palavra **atmosfera** nesta frase. Em seguida, leia o verbete.

> As gotinhas reúnem um pouco de tudo o que está na **atmosfera** ao redor.

> **atmosfera** <at.mos.fe.ra> *s.f.* **1** Camada de ar que envolve a Terra e que fornece oxigênio para a respiração. **2** Ambiente que rodeia as pessoas e as coisas.
>
> *Dicionário didático* – Ensino Fundamental. São Paulo: SM, 2009.

a) Entre os significados da palavra **atmosfera**, qual deles se ajusta melhor ao sentido da frase acima?

___

b) Muitas palavras apresentam mais de um significado. Como esses significados são indicados no dicionário?

___

3. Em que verbetes você localizaria estas palavras?

formam	_____	químicos	_____
sólidas	_____	jogados	_____
vivem	_____	mares	_____
havia	_____	necessárias	_____
desaparecia	_____	materiais	_____

4. Releia este trecho e observe o uso da expressão **ao redor**.

> As gotinhas reúnem um pouco de tudo o que está na atmosfera **ao redor**.

◆ Para localizar essa expressão no dicionário, que palavra(s) você procuraria primeiro?

☐ ao

☐ ao redor

☐ redor

5. Leia o verbete **redor**.

> **redor** espaço circundante; contorno, circuito, volta.
> ◆ **ao r.** em volta, à volta, em torno, em redor
> ◆ **em r.** mq. *ao redor*
>
> *Dicionário eletrônico Houaiss da Língua Portuguesa.* Rio de Janeiro: Objetiva, 2009.

a) O que significa a abreviatura **ao r.**? _____

b) Qual é o significado da expressão **ao redor**?

_____

CONCLUA!

Para buscar o significado de uma expressão no dicionário, devemos:

☐ buscar a palavra principal que forma a expressão.

☐ buscar sempre pela primeira palavra da expressão.

6. Leia esta frase e observe a palavra **usada**. Depois, leia o verbete **usar**.

> A água é **usada** para beber, cozinhar e lavar.

> **usar** (u.sar) *vtd* **1.** Ter por costume (*As pessoas devem usar protetor solar quando se expõem ao sol.*); **2.** fazer uso de; empregar; servir-se de (*Umbelina usou muita pimenta nesse acarajé.*); **3.** vestir (*As crianças usam uniforme para ir para a escola.*); **4.** gastar com o uso (*Urandy usou o sapato até fazer um buraco na sola.*).
>
> *Saraiva Júnior – Dicionário da Língua Portuguesa Ilustrado.* São Paulo: Saraiva, 2014.

a) Quantos significados o verbete apresenta? _____

b) Qual desses significados está mais de acordo com a frase acima? Escreva-o.

_____

_____

c) Reescreva a frase, substituindo a palavra **usada** por outra de sentido parecido.

_____

EURECA!

Você gosta de cruzadinha?

◆ Complete esta cruzadinha. As fotografias podem ajudá-lo, mas, se precisar, use o dicionário. Boa diversão!

1 Lugar, espaço, recinto.

2 Beira-mar.

3 O mesmo que arraia (ser vivo do mar).

4 Mamífero marinho das regiões polares.

5 Absorção do oxigênio e expulsão do gás carbônico pelos seres vivos.

6 Planta que vive no mar.

7 Veículo que navega por baixo da superfície das águas.

8 Esqueleto calcário duro encontrado no mar.

6 ACENTUAÇÃO GRÁFICA II

Leia o texto.

Curupira, o danadinho

Neste mês de julho vou-vos contar história esquisita de um ser mais esquisito ainda. Os índios chamam-no de Curupira. [...]

Que ser misterioso. Pois que também é sábio: conhece, ao olhar apenas, as plantas que curam doença de bicho. Porque ele protege os animais contra **malefícios** e caçadores.

Clarice Lispector. *Doze lendas brasileiras*.
Rio de Janeiro: Rocco, 2014.

Malefícios: danos, prejuízos.

1. O texto que você leu é uma:

   ☐ notícia.   ☐ lenda.   ☐ poesia.   ☐ fábula.

2. Leia em voz alta estas palavras paroxítonas e observe as sílabas destacadas.

   his**tó**ria • **ín**dios • male**fí**cios • esqui**si**to • misteri**o**so

   ◆ Marque com um **X** as afirmações corretas.

   ☐ Todas essas paroxítonas têm acento tônico.

   ☐ Todas essas paroxítonas têm acento gráfico.

   ☐ Nem todas essas paroxítonas recebem acento gráfico.

Acentuação gráfica das paroxítonas	
Recebem acento gráfico somente as paroxítonas terminadas em:	
l	ágil, fácil, automóvel, incrível
r	açúcar, ímpar, repórter
n	hífen, pólen
x	tórax
i, is	táxi, biquíni, lápis
ditongo(**+s**)	história, mistério, tréguas, cáries
ã(+s), **ão**(+s)	ímã, sótãos
us, um, uns	vírus, álbum, álbuns

ATIVIDADES

1. Leia este texto e observe as palavras destacadas.

> Cada asa de borboleta conta uma **história**. Coloridas, frágeis e cada vez mais ameaçadas, as borboletas voam pela floresta buscando **néctar** das flores. São tantas as espécies desses insetos!

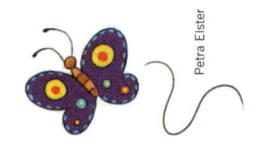

Mata Atlântica: a floresta corre perigo. Revista *Recreio*, 2000. (Coleção De olho no mundo, v. 1.)

a) Observe estas palavras e identifique o motivo de cada uma delas receber acento gráfico.

☐ história   ☐ néctar

b) Pinte de amarelo as palavras acentuadas pelo mesmo motivo de **história** e de azul aquelas acentuadas pelo mesmo motivo de **néctar**.

- açúcar
- calúnia
- glória
- infância
- imóveis
- caráter

2. Ordene as sílabas e escreva as palavras formadas.

mí•fa•lia _____   lé•co•gio _____

ar•rio•má _____   tio•pá _____

cia•ci•ên•cons _____   gua•á _____

gua•ré _____   gão•ór _____

a) As palavras que você escreveu são:

☐ oxítonas.   ☐ paroxítonas.   ☐ proparoxítonas.

b) Essas palavras são acentuadas porque terminam em:

☐ ditongo.   ☐ hiato.   ☐ tritongo.

3. Acrescente a terminação **-ável** e descubra palavras paroxítonas acentuadas. Faça as modificações necessárias. Veja o exemplo.

> agradar ⟶ agradável

utilizar _____   reciclar _____

durar _____   lavar _____

conforto _____   agrado _____

◆ Escreva a regra que se aplica à acentuação gráfica dessas palavras.

_____

_____

4. As palavras abaixo deveriam estar com acento gráfico. Leia cada uma delas em voz alta e identifique onde estaria o acento.

> Amapa • Brasilia • Belem • Ciencias • Florianopolis • Goias
> Maceio • Matematica • Musica • Portugues • Rondonia

a) Escreva as palavras, acentuando-as corretamente.

_____

_____

_____

b) Agora, organize as palavras no quadro correspondente.

Oxítonas	Paroxítonas	Proparoxítonas

PARA ESCREVER MELHOR
ORTOGRAFIA: USO DE GUA/QUA, GUE/QUE, GUI/QUI

Leia este trecho de uma notícia.

Vida mansa

Um fotógrafo americano conseguiu capturar um raro momento entre duas aves nos céus da Califórnia: um corvo (nada medroso) pegando carona numa águia (bem maior que ele). As fotos mostram o momento exato em que a ave menor pousa por alguns segundos e, tranquilamente, voa em cima da maior. [...]

Vida mansa! Corvo pega "carona" em águia nos EUA, 1º jul. 2015. Disponível em: <http://noticias.terra.com.br/ciencia/animais/vida-mansa-corvo-pega-carona-em-aguia-nos-eua,ba7c07a79d49a4d03d1996aafc64b98fi3dwRCRD.html>. Acesso em: novembro de 2016.

1. Releia em voz alta estas palavras do texto e observe as sílabas destacadas.

   á**gui**a • tran**qui**lamente

   ☐ As sílabas destacadas têm grafia diferente e pronúncia igual.

   ☐ As sílabas destacadas têm grafia e pronúncia diferentes.

2. Leia as palavras do quadro em voz alta. Depois, escreva cada palavra no grupo correspondente de acordo com o som das letras destacadas.

   es**gui**cho • es**qui**sito • **gui**ar • **qua**se
   quatrocentos • **qui**ntal

Grupo 1 – pre**gui**ça	Grupo 2 – **qua**rta	Grupo 3 – **qui**nta
_____	_____	_____
_____	_____	_____

3. Leia com atenção as palavras da atividade anterior e marque com um **X** as afirmações corretas.

   a) No Grupo 1, as letras **gu**:

   ☐ representam um dígrafo, pois a letra **u** não é pronunciada.

   ☐ não representam um dígrafo, pois a letra **u** é pronunciada.

   b) No Grupo 2, as letras **qu**:

   ☐ representam um dígrafo, pois a letra **u** não é pronunciada.

   ☐ não representam um dígrafo, pois a letra **u** é pronunciada.

   c) No Grupo 3, as letras **qu**:

   ☐ representam um dígrafo, pois a letra **u** não é pronunciada.

   ☐ não representam um dígrafo, pois a letra **u** é pronunciada.

4. Complete os anúncios com o nome de cada produto abaixo.

   paçoquinha • sequilhos • queijadinha • quindim

   BEM SEQUINHOS

   CREMOSA

   FRESQUINHO

   COM PEDAÇOS DE AMENDOIM

5. Encontre no diagrama o nome de cinco frutos.

G	F	I	G	O	B	M	T	P	R	T	I	N	S	G
S	A	G	A	M	O	S	C	E	F	L	H	O	C	A
G	O	M	G	U	G	C	A	Q	S	L	O	P	G	N
P	A	A	V	O	C	A	Q	U	I	O	T	D	C	I
B	T	N	R	W	A	G	C	I	A	L	T	I	T	A
A	G	G	M	T	R	J	O	S	C	I	F	H	T	P
R	C	A	K	I	S	A	P	I	T	A	N	G	A	T

a) De acordo com as palavras que você encontrou no diagrama, escreva no anúncio o nome das árvores que produzem esses frutos.

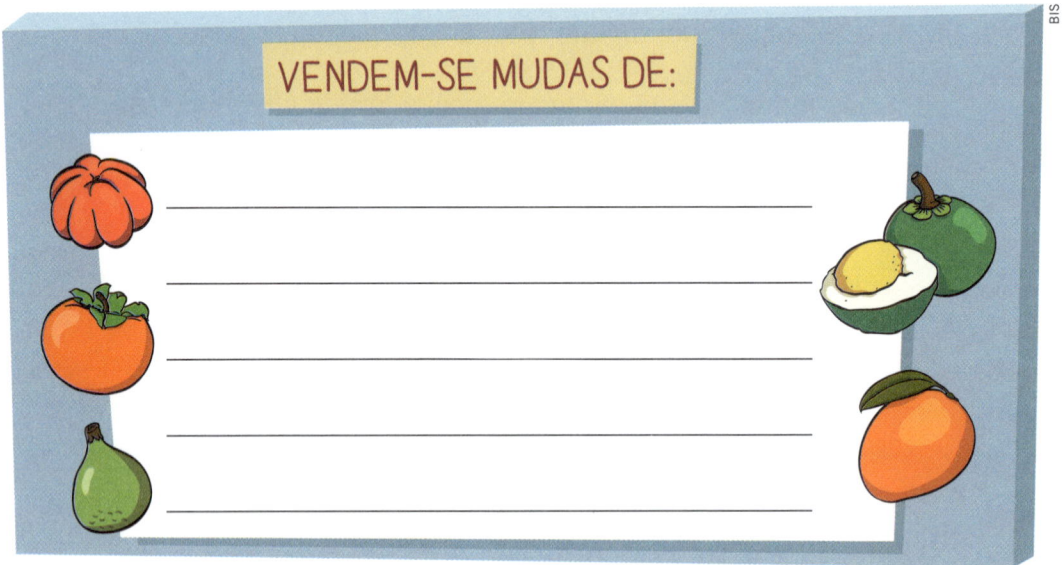

VENDEM-SE MUDAS DE:

_____

_____

_____

_____

b) Marque com um **X** os grupos de letras que apareceram nas palavras que você escreveu.

☐ gue   ☐ gui   ☐ que   ☐ qua   ☐ qui   ☐ gua

6. Complete os provérbios com as palavras do quadro.

água • conquista • igual • qual • que

a) _____ mole em pedra dura tanto bate até _____ fura.

b) Confiança não se dá e não se toma emprestado, _____-se.

c) Cada _____ com seu _____.

Diagrama

◆ Encontre no diagrama as palavras que correspondem aos itens abaixo.

1. Conjunto de navios de guerra.
2. Área para a prática de esportes.
3. Figura geométrica com quatro lados iguais.
4. O que ocupa a posição número 40.
5. Dança popular brasileira típica de festas juninas.
6. História em...
7. Obra de arte; pintura.
8. Que tem quatro pés.
9. Cada um de quatro irmãos nascidos do mesmo parto.
10. Período de 40 dias.
11. Terreno formado por quatro ruas em uma cidade; quadra.
12. Grupo de quatro pessoas.

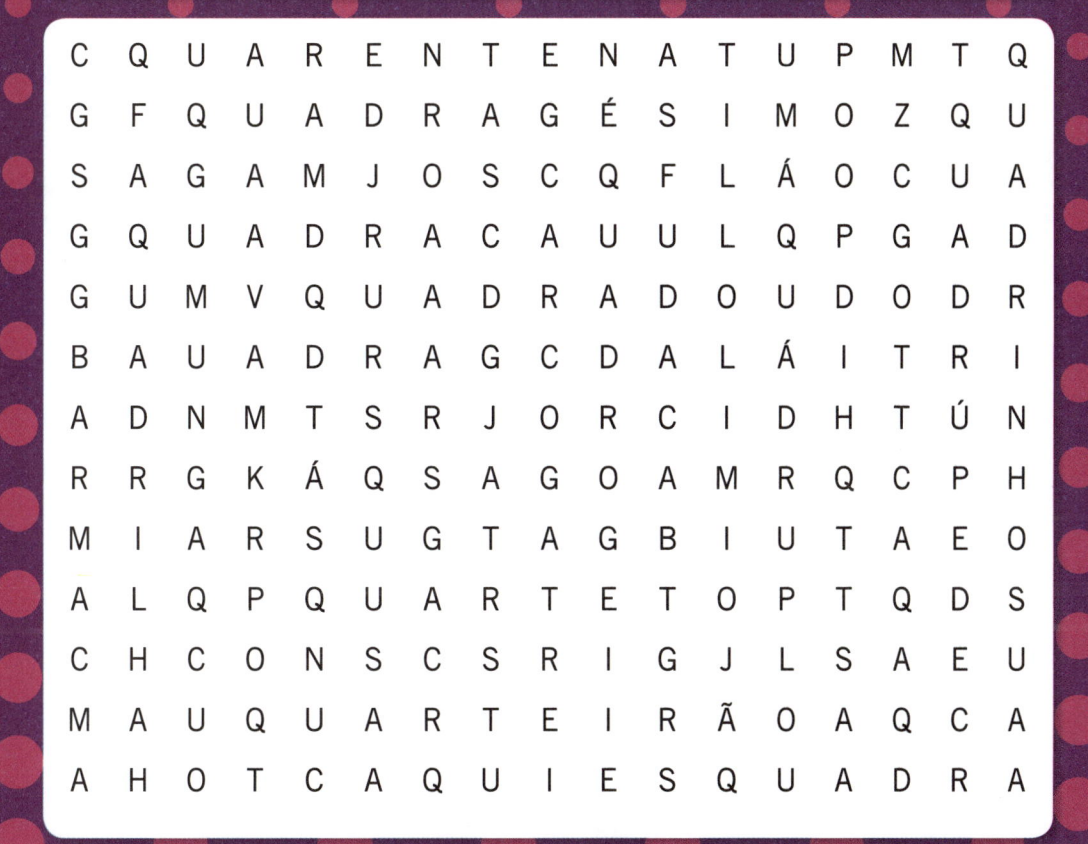

C	Q	U	A	R	E	N	T	E	N	A	T	U	P	M	T	Q
G	F	Q	U	A	D	R	A	G	É	S	I	M	O	Z	Q	U
S	A	G	A	M	J	O	S	C	Q	F	L	Á	O	C	U	A
G	Q	U	A	D	R	A	C	A	U	U	L	Q	P	G	A	D
G	U	M	V	Q	U	A	D	R	A	D	O	U	D	O	D	R
B	A	U	A	D	R	A	G	C	D	A	L	Á	I	T	R	I
A	D	N	M	T	S	R	J	O	R	C	I	D	H	T	Ú	N
R	R	G	K	Á	Q	S	A	G	O	A	M	R	Q	C	P	H
M	I	A	R	S	U	G	T	A	G	B	I	U	T	A	E	O
A	L	Q	P	Q	U	A	R	T	E	T	O	P	T	Q	D	S
C	H	C	O	N	S	C	S	R	I	G	J	L	S	A	E	U
M	A	U	Q	U	A	R	T	E	I	R	Ã	O	A	Q	C	A
A	H	O	T	C	A	Q	U	I	E	S	Q	U	A	D	R	A

◆ O que as palavras que encontrou no diagrama têm em comum?

_____

DE OLHO NA LÍNGUA

1. (Saresp) Oito planetas – Mercúrio, Vênus, Terra, Marte, Júpiter, Saturno, Urano e Netuno –, seus satélites naturais, além de asteroides, cometas, gás e poeira, estão permanentemente se movimentando em torno do Sol. Por causa disso, esse conjunto é chamado de Sistema Solar.

    ◆ Vamos colocar os nomes dos planetas **Mercúrio**, **Vênus**, **Terra** em ordem alfabética?

    ☐ Mercúrio, Vênus, Terra.   ☐ Mercúrio, Terra, Vênus.

    ☐ Vênus, Terra, Mercúrio.   ☐ Terra, Mercúrio, Vênus.

2. (Saresp) Leia os quadrinhos a seguir:

    Mauricio de Sousa, *Almanacão de férias*. Nº 18. São Paulo: Globo, dez. 95. p. 194.

    ◆ No 3º quadrinho, a expressão da personagem Mônica e sua fala "AAIIIII" indicam que ela está:

    ☐ nervosa.   ☐ triste.   ☐ admirada.   ☐ assustada.

3. (Saemi-PE) Leia o texto abaixo para responder à questão a seguir.

    NANI. *Jornal do menininho*. Rio de Janeiro: Record, 1992. p. 21.

    ◆ Nesse texto, a palavra "PAF" foi escrita com letras diferentes para mostrar que a pulga:

    ☐ bateu na parede.

    ☐ fechou os olhos.

    ☐ perdeu os óculos.

    ☐ pulou bem alto.

4. (Saresp) Leia o texto e responda à questão.

Arquibaldo era um mágico. Exatamente. Um homem capaz de realizar maravilhas. Ou de maravilhar outras pessoas, se preferir. Mas havia um probleminha. E probleminha é modo de dizer, porque ele achava que era um problemão. Arquibaldo era um mágico diferente. Um mágico às avessas, sei lá como dizer. Esse era o problema de Arquibaldo. Ele não sabia. Não conseguia, por mais que se concentrasse. Ele tirava bichos da cartola e do lenço. Era capaz de passar o dia inteirinho tirando bichos. Mas, se falasse: "Vou tirar..." Pronto! Tirava tudo que era bicho, menos o bicho anunciado. Por isso, andava tristonho da vida.

Arquibaldo recordava-se dos espetáculos no circo. Embora preferisse nem lembrar. O apresentador apresentava com ar solene e voz emocionada.

— E agora, com vocês, Ar-qui-bal-do, o maior mágico do mundo!

GALDINO, Luiz. *O mágico errado*. São Paulo: FTD, 1996. Adaptado.

◆ Observe:

— E agora, com vocês, **Ar-qui-bal-do**, o maior mágico do mundo!

A palavra destacada foi dividida para:

☐ imitar o modo como o apresentador fala no circo.

☐ explicar direito como se pronuncia o nome Arquibaldo.

☐ criar uma dúvida sobre os poderes do mágico.

☐ indicar que a mágica será muito perigosa.

5. (Saresp) Leia o texto e responda à questão.

A menina e o lobo

Certo dia, a mãe de uma menina mandou que ela levasse um pouco de pão e leite para sua avó. Quando a menina ia caminhando pela floresta, um lobo aproximou-se e perguntou-lhe para onde ela se dirigia.

— Para a casa da vovó – ela respondeu.

Fonte: DARNTON, R. *O Grande Massacre dos Gatos e outros episódios da História Cultural Francesa*. Rio de Janeiro: Graal, s.d. (fragmento).

◆ O lugar onde se passa o trecho da história é:

☐ a casa da menina e do lenhador. ☐ a casa da menina e a floresta.

☐ a casa da avó e a floresta. ☐ a casa do lobo e a floresta.

7 ACENTUAÇÃO GRÁFICA III

Leia o poema e veja para onde querem viajar estes personagens.

Turismo

Quando o tatu
e a tartaruga do Artur
se encontram,
se tratam
por Tá e Tu.
É Tá pra lá,
Tu pra cá.
Já combinaram até
fazer um "**tur**"
em Foz do Iguaçu...

Paulo Netho. *Poesia futebol clube e outros poemas.*
São Paulo: Formato, 2014.

Tur: forma coloquial de *tour*, palavra francesa que significa **passeio, viagem**.

1. O poema:
   - ☐ conta sobre uma viagem a Foz do Iguaçu.
   - ☐ explica como os animais fizeram um *tour*.
   - ☐ diverte o leitor.
   - ☐ convida o leitor para uma viagem.

2. Observe estas palavras retiradas do poema.

> é • lá • cá • Tá • Tu • já • Foz

a) Essas palavras são:

☐ dissílabas. ☐ polissílabas. ☐ monossílabas.

b) Elas são pronunciadas:

☐ com intensidade. ☐ sem intensidade.

c) Todas as palavras recebem acento gráfico?

_____

3. Agora, leia em voz alta estes versos e observe a pronúncia das palavras destacadas.

> Quando **o** tatu
> **e a** tartaruga do Artur
> **se** encontram,

a) As palavras destacadas são monossílabos pronunciados:

☐ com intensidade. ☐ sem intensidade.

b) Esses monossílabos são acentuados e recebem acento gráfico?

_____

Os monossílabos podem ser tônicos ou átonos.

◆ **Monossílabos tônicos** são aqueles pronunciados fortemente dentro da frase. Exemplos: "**É Tá** pra **lá** / **Tu** pra **cá**."

◆ **Monossílabos átonos** são aqueles pronunciados fracamente dentro da frase. Exemplos: "**se** tratam / **por** Tá e Tu."

ATIVIDADES

1. Leia a quadrinha e circule os monossílabos de acordo com a legenda.

   ■ monossílabos tônicos

   ■ monossílabos átonos

   Eu plantei um pé de rosa
   Para te dar um botão
   O pé de rosa morreu
   Eu te dou meu coração.

   Quadrinha popular.

   ◆ Escreva nos quadros correspondentes as palavras que você circulou.

Monossílabos tônicos	Monossílabos átonos
_____	_____
_____	_____

2. Passe para o plural os monossílabos tônicos destacados.

   o **nó** do cabelo ⟶ os _____ do cabelo

   o **pé** do atleta ⟶ os _____ do atleta

   a **pá** de madeira ⟶ as _____ de madeira

   ◆ Observe os monossílabos tônicos que você escreveu. O acento gráfico permanece no plural? _____.

CONCLUA!

Acentuam-se os _____

terminados em **a**, **e** e **o**, seguidos ou não da letra _____.

3. Leia as frases e observe os monossílabos destacados. Depois, complete cada texto de acordo com o exemplo.

a) Ele **tem** aulas de dança todas as tardes. Elas **têm** aula de ginástica.

singular, sem acento   plural, com acento circunflexo

A escola de dança Cisne Branco __tem__ noventa e sete alunos. Trinta e oito deles __têm__ interesse em aprender a dançar samba.

b) O garoto **vem** aqui todos os dias. Já os irmãos dele **vêm** somente às quartas.

singular, sem acento   plural, com acento circunflexo

Aquela menina _____ para a escola de ônibus e as amigas dela _____ de bicicleta.

c) A escola **tem** viagem marcada. As outras escolas nunca **têm** viagem marcada.

singular, sem acento   plural, com acento circunflexo

A escola de dança Cisne Branco _____ calendário de viagem extenso. Os alunos _____ muitas apresentações no mundo inteiro.

d) O aluno **vem** para a aula com animação! Os alunos **vêm** animados sempre.

singular, sem acento   plural, com acento circunflexo

Artur _____ animado para a aula na escola Cisne Branco! Os amigos dele também _____ animados para dançar.

CONCLUA!

Os monossílabos tônicos **têm** e _____ recebem acento gráfico no _____ para diferenciar-se das formas _____ e **vem** no singular.

PARA ESCREVER MELHOR
ORTOGRAFIA: USO DE S, Z E X REPRESENTANDO O SOM /ZE/

Leia este título de notícia publicada em um *site*.

http://df.divirtasemais.com.br

Amantes dos patins lotam ciclovias da cidade em busca de exercício físico

Praticantes treinam o desequilíbrio sobre rodinhas e se divertem

Lucas Lavoyer. Disponível em: <http://df.divirtasemais.com.br/app/noticia/programe-se/2014/03/14/noticia_programese,147991/amantes-dos-patins-lotam-ciclovias-da-cidade-em-busca-de-exercicio-fisico.shtml>. Acesso em: novembro de 2016.

1. Leia em voz alta estas palavras do título da notícia. Fique atento à pronúncia das letras destacadas.

e**x**ercício • fí**s**ico

◆ Que som as letras **x** e **s** representam nessas palavras?

☐ Som /xe/.   ☐ Som /se/.   ☐ Som /ze/.

2. Leia esta palavra.

exercício

a) Siga as setas e forme palavras. Acrescente o acento gráfico quando necessário.

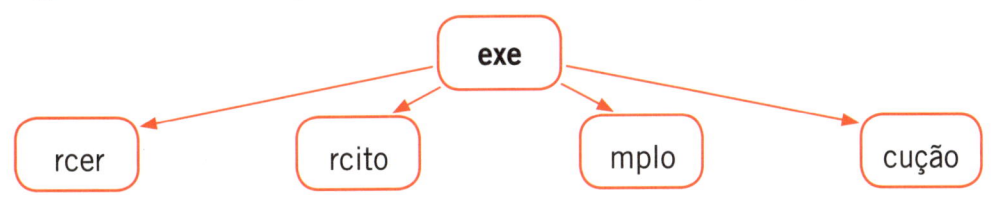

exe → rcer, rcito, mplo, cução

_____ _____ _____ _____

b) Nessas palavras, o som /ze/ está representado pela letra:

☐ z.   ☐ s.   ☐ x.

3. Escreva a letra que falta nestas palavras:

e____ame • e____ercitar • e____ibição

◆ Complete as frases com as palavras do quadro.

Hoje haverá _____ de desenho animado às 16 h 30.

O _____ será na próxima sexta-feira.

Esportes ao ar livre são ótimos para _____ o corpo e a mente.

4. Forme palavras com as sílabas **sa, se, si, so, su**, juntando-as com uma ou mais sílabas do quadro. **Atenção:** em todas as palavras, a letra **s** deverá representar o som /ze/.

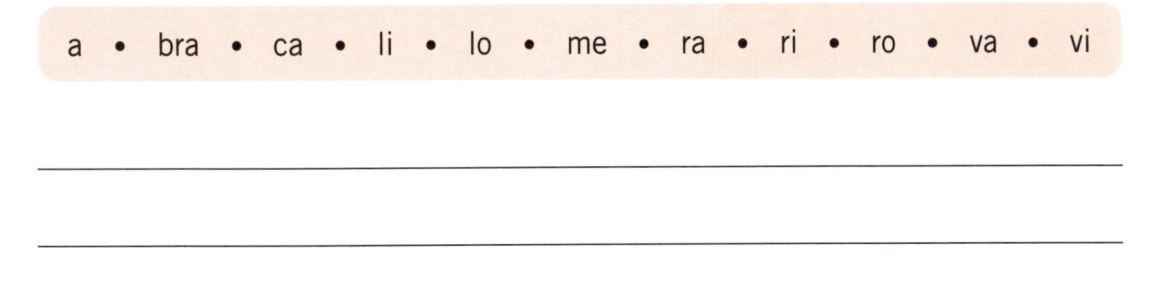

a • bra • ca • li • lo • me • ra • ri • ro • va • vi

_____

_____

_____

◆ Observe as palavras que você escreveu. Que letras aparecem antes e depois da letra **s**: vogais ou consoantes?

_____

5. Leia as palavras do quadro e descubra quais delas completam cada uma das cruzadinhas. Escreva-as nos quadrinhos correspondentes.

Pista: observe as imagens e fique atento ao som /ze/ nas palavras.

aviso • azedo • delicioso • exagero • exigir
piso • sozinho • visita • cozinha • exame

◆ Nessas palavras, o som /ze/ está representado pelas letras:

☐ z.   ☐ s.   ☐ x.

DIVERTIDAMENTE

O que é, o que é?

◆ Descubra as respostas destas adivinhas.
Pistas: todas as respostas são um monossílabo tônico e algumas fotografias vão ajudá-lo.

1. Anda deitado e dorme em pé?
_____

2. O que tem no chão e também colocamos no pão?
_____

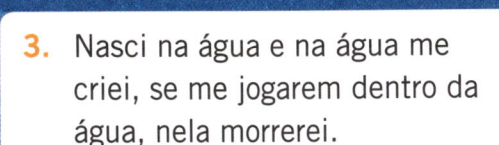

3. Nasci na água e na água me criei, se me jogarem dentro da água, nela morrerei.
_____

4. Está em todo lugar, mas ninguém vê. Está dentro e está fora, mas ninguém pega.
_____

5. Nasce a soco e morre na faca?
_____

6. É do tamanho de uma bolota e enche a casa até a porta?
_____

7. Palavra que só tem três letras e acaba com tudo.
_____

8. O que é que gasta sapatos, mas não tem pés?
_____

REVISÃO

1. Acentue as palavras do quadro.

> agricola • agua • ma • nos • potavel • tambem • unico • voce

a) Escreva essas palavras nos quadros correspondentes.

Monossílabos tônicos	Oxítonas

Paroxítonas	Proparoxítonas

b) Observe o quadro das paroxítonas. Essas palavras paroxítonas são acentuadas porque terminam em:

☐ n.   ☐ l.   ☐ ditongo.

2. Escreva nos quadros dois exemplos de monossílabos tônicos com as terminações indicadas.

a	o	e

m	z	i

3. Escreva as palavras do quadro nos diagramas. Coloque cada sílaba em um quadrinho, deixando as sílabas tônicas nas colunas coloridas.

armários • atrás • máximo • pelúcia • porém • sólidos

Diagrama 1   **Diagrama 2**   **Diagrama 3**

◆ Observe a posição da sílaba tônica em cada diagrama e complete as frases.

No diagrama 1, as palavras são classificadas como _____.

No diagrama 2, as palavras são classificadas como _____.

No diagrama 3, as palavras são classificadas como _____.

4. Pinte de azul as palavras com a sílaba **que** e de verde as palavras com a sílaba **qui**.

aquele	aquilo	líquido	moleque
quebrado	porque	aqui	bosque
foguete	quitute	caranguejo	caxinguelê
mangue	coque	máquina	açougue
	parque	esquina	

a) Quais foram as palavras que restaram? Escreva-as.

_____

_____

b) Qual é a sílaba que se repete nessas palavras que você não pintou?
Marque com um **X** a alternativa correta.

☐ que   ☐ qui   ☐ gue   ☐ gui

5. Leia estas palavras.

> água • aguaceiro • aguar
>
> uma família de palavras

a) Escreva as palavras abaixo no quadro da família correspondente.

> desigualdade • guarda-chuva • guarda-civil
> guardador • guardião • guarda-roupa • igualar
> igualdade • inigualável • desigual

guardar	igual
_____	_____
_____	_____
_____	_____
_____	_____
_____	_____

b) Complete a frase com uma das palavras entre parênteses.

As palavras de uma _____ (comunidade, família)

mantêm grafia _____ (semelhante, diferente).

6. Complete a cruzadinha com as palavras que correspondem às imagens.

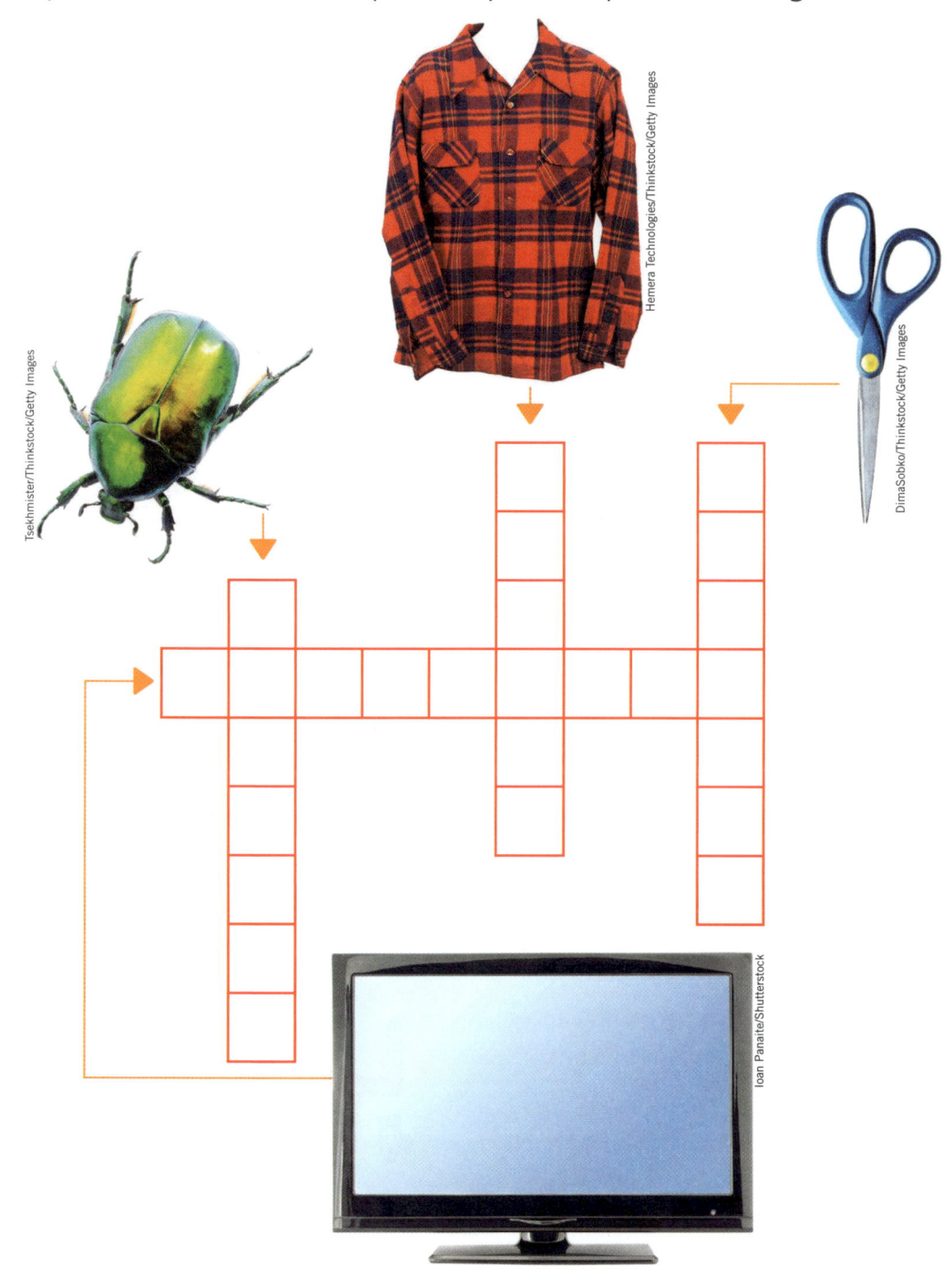

a) Pinte os quadrinhos em que você escreveu a letra **s**.

b) Agora, leia as palavras em voz alta. Nelas, a letra **s** representa o som:

☐ /se/.

☐ /xe/.

☐ /ze/.

8 SINÔNIMOS, ANTÔNIMOS, PARÔNIMOS E HOMÔNIMOS

Para você, o que significa se divertir?
Veja a opinião de um poeta nestes versos.

Diversão

Acender é pôr fogo,
ascender é subir.

Insolar é ficar ao sol,
insular é isolar.

Soar é ecoar,
suar é transpirar.

Sortir é abastecer,
surtir é alcançar.

Cerrar é fechar,
serrar é cortar.

Remendar é consertar,
concertar é harmonizar.

Emergir é vir à tona,
imergir é mergulhar.

Recrear é divertir,
criar de novo, recriar.

Paulo Netho. *Poesia futebol clube e outros poemas*.
São Paulo: Formato, 2014.

1. O poema trata de:

   ☐ palavras de grafia igual e significados diferentes.

   ☐ palavras de grafia semelhante e significado igual.

   ☐ palavras de grafia semelhante e significados iguais.

   ☐ palavras de grafia semelhante e significados diferentes.

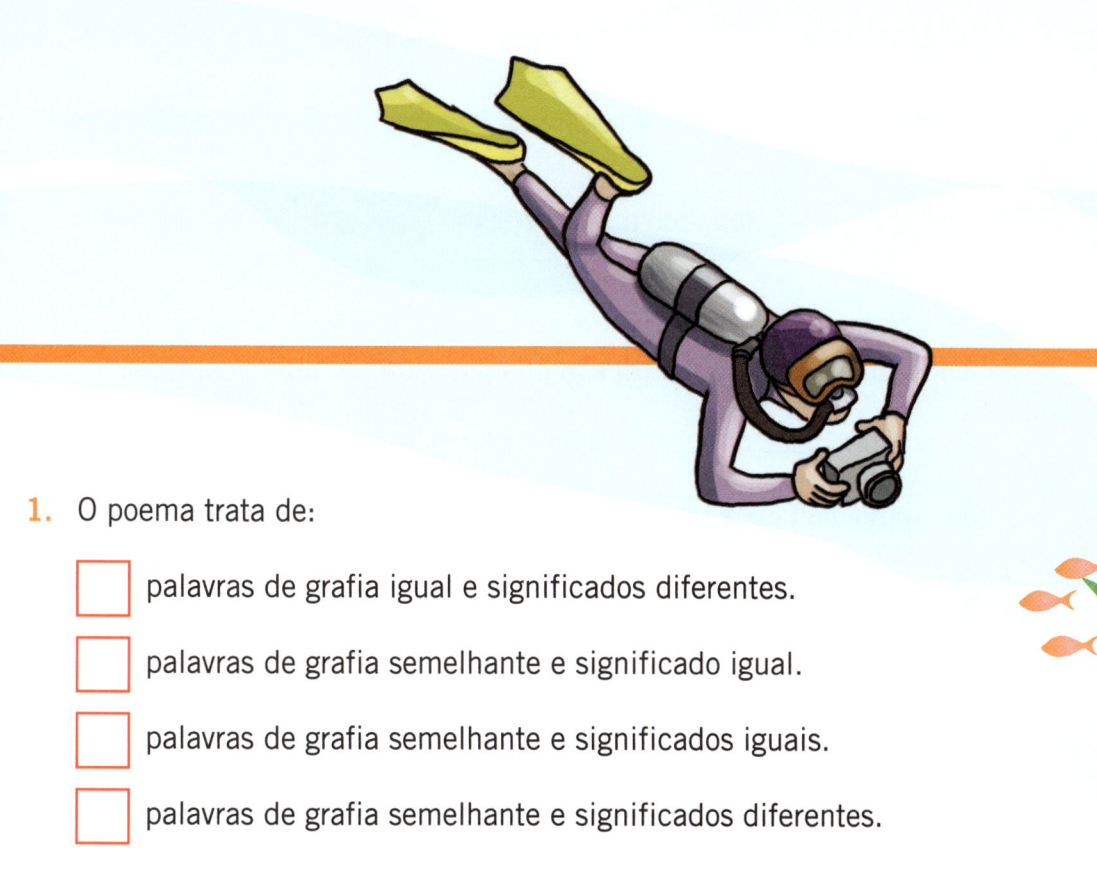

2. Releia os versos.

   > Emergir é vir à tona,
   > imergir é mergulhar.

   a) As palavras **emergir** e **imergir** são:

   ☐ sinônimas. ☐ antônimas.

   b) As palavras **imergir** e **mergulhar** são:

   ☐ sinônimas. ☐ antônimas.

3. Observe agora as palavras destacadas nestes versos.

   > **Recrear** é divertir,
   > criar de novo, **recriar**.

   ◆ As palavras **recrear** e **recriar** são parônimas. Elas:

   ☐ são parecidas na escrita e na pronúncia, mas têm significados diferentes.

   ☐ são parecidas na escrita e na pronúncia e têm significado igual.

83

4. Leia em voz alta mais estes versos e observe a pronúncia das letras destacadas.

> Remendar é consertar,
> concertar é harmonizar.

◆ As palavras **consertar** e **concertar** são chamadas de homônimos. Elas:

☐ são pronunciadas da mesma maneira, mas escritas de modo diferente.

☐ são pronunciadas da mesma maneira e escritas de modo igual.

5. Complete as frases com os sinônimos das palavras ou expressões entre parênteses.
Pista: esses sinônimos foram usados no texto da página 82.

a) Ouvimos um trovão _____ ao longe. (soar)

b) Com esse calor não tem como não _____. (suar)

c) Vamos _____ a geladeira com bastante suco para o fim de semana. (sortir)

d) A costureira vai _____ as roupas de todo o elenco da novela. (remendar)

e) _____ árvores levou muitas espécies à extinção. (cortar)

f) O garoto vai _____ no mar, a 3 000 metros de profundidade. (mergulhar)

g) Marcelo é muito criativo! Ele vai _____ peças em argila. (criar de novo)

Quanto à significação, as palavras podem ser classificadas como:

◆ **sinônimos**: palavras de significados semelhantes.

◆ **antônimos**: palavras de sentidos opostos.

◆ **parônimos**: palavras com escrita e pronúncia semelhantes, com significados diferentes.

◆ **homônimos**: palavras com pronúncia igual, mas com escrita e significado diferentes.

ATIVIDADES

1. Observe os homônimos destacados, comparando estas frases. Depois, marque com um **X** as respostas corretas.

   > Vamos **cerrar** as portas hoje.

   > Vamos **serrar** as portas hoje.

   a) É mais provável que a primeira frase seja dita pelo funcionário de:

   ☐ um cinema.   ☐ uma serraria.

   ☐ uma marcenaria.   ☐ um museu.

   ☐ uma biblioteca.

   b) É mais provável que a segunda frase seja dita pelo funcionário de:

   ☐ um cinema.   ☐ uma serraria.

   ☐ uma marcenaria.   ☐ um museu.

   ☐ uma biblioteca.

2. Retire do poema da página 82 os parônimos destas palavras e escreva-os.

emergir	sortir	soar
_____	_____	_____

3. Complete as frases com os parônimos da atividade 2.

   a) O mergulhador _____ e ficou 3 horas debaixo da água.

   b) O mergulhador _____ porque estava sem oxigênio.

   c) Nossa despensa está bem _____.

   d) Suas palavras não _____ o efeito desejado.

   e) Os instrumentos musicais da banda _____ uma alegre melodia.

   f) Durante a prova, os corredores _____ muito.

4. Leia alguns significados da palavra **conta**.

> **conta** s.f. **1.** Ato ou efeito de contar. **2.** Operação aritmética. **3.** Documento que o credor apresenta ao devedor para haver o preço de coisa vendida ou serviço prestado. **4.** Registro que serve para controlar o movimento de dinheiro depositado por alguém em banco ou casa bancária. **5.** Responsabilidade. **6.** Informação, notícia. **7.** Pequena esfera com orifício no centro, e que se enfia em rosário, colar, etc.
>
> *Dicionário eletrônico Houaiss da Língua Portuguesa.* Rio de Janeiro: Objetiva, 2009. Adaptado.

◆ Agora, leia esta tirinha.

a) Qual é o significado do verbete que corresponde à palavra **conta** no segundo quadrinho da tirinha?

☐ significado 1   ☐ significado 2   ☐ significado 3

b) Qual foi o significado de **conta** a que o Menino Maluquinho se referiu no terceiro quadrinho?

☐ significado 1   ☐ significado 2   ☐ significado 3

5. Escreva uma frase usando apenas uma palavra de cada quadro.

cinto • sinto

_____

acento • assento

_____

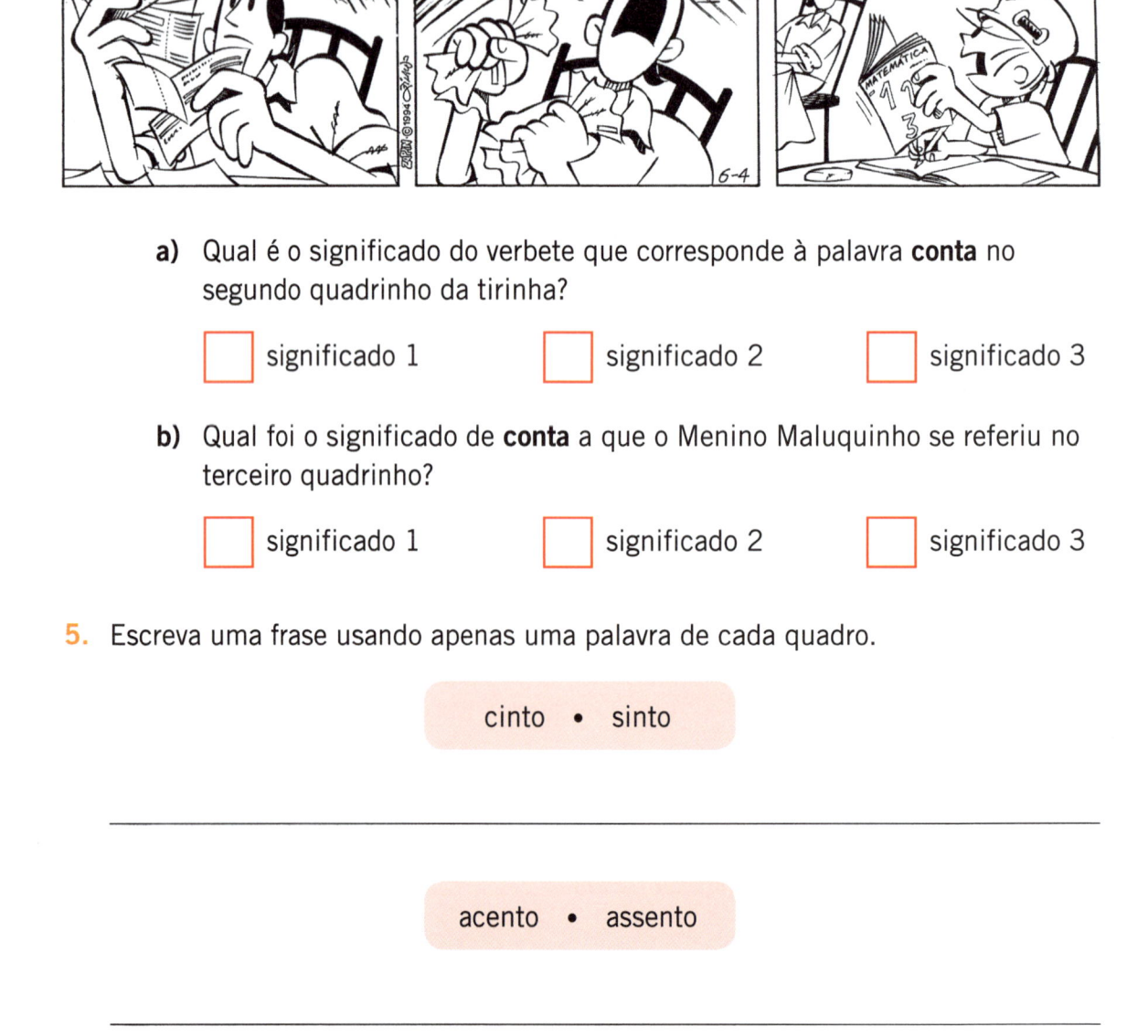

6. Leia estas explicações.

As pessoas ficam **felizes** com um dia de sol. → satisfeitas, contentes
As pessoas ficam **infelizes** com um dia sem sol. → insatisfeitas, tristes

infelizes → **in-** + felizes

prefixo que indica situação oposta

Deixe a panela **tampada**, por favor.
Deixe a panela **destampada**, por favor.

destampada → **des-** + tampada

prefixo que indica situação oposta

◆ Agora, complete as frases com o antônimo das palavras destacadas.

a) Minha mãe é **paciente**, mas meu pai é muito _____.

b) É **possível** que eu chegue às 2 horas. Antes disso é _____.

c) **Liguei** o ventilador, mas João estava com frio, então _____ o aparelho.

d) Já decorei os números **pares** das cartas. Agora faltam os _____.

7. Encontre no diagrama os antônimos das palavras do quadro.

confiança • correta • perfeitos • satisfeita

Z	M	R	I	N	S	A	T	I	S	F	E	I	T	A
P	D	E	S	C	O	N	F	I	A	N	Ç	A	W	O
O	I	K	D	A	Y	I	Ç	Z	B	I	F	M	P	Q
Q	A	I	M	P	E	R	F	E	I	T	O	S	Q	G
H	V	B	J	R	I	N	C	O	R	R	E	T	A	Y

◆ Complete as frases com as palavras que você encontrou no diagrama.

a) Cálculos _____ em pontes e viadutos podem causar graves acidentes.

b) A população se manifesta quando está _____.

c) A tarefa _____ precisa ser corrigida.

d) A _____ é inimiga da amizade.

PARA ESCREVER MELHOR
ORTOGRAFIA: USO DE C, Ç, SS, SC, XC E X REPRESENTANDO O SOM /SE/

Leia este texto e observe as palavras destacadas.

Mãe adivinha

O Paco é um dos jacarés do rio Tietê. Antes ele morava **sossegado** no interior de **São** Paulo, perto de Penápolis, de **Araçatuba**, por ali. Tinha inveja da meninada que **aparecia** em bandos aos **sábados** e domingos. Viajar **assim**, em bandos, **parecia** ser divertido. Então o Paco e uns colegas combinaram fazer também uma **excursão**.

A jacarezada mais jovem toda se **interessou**. [...]

Julieta de Godoy Ladeira. *Jacaré não manda carta* – Uma aventura a favor da despoluição dos rios. São Paulo: Atual, 2014.

1. Escreva as palavras destacadas no texto nas linhas correspondentes.

ss	
c	
s	
x	
ç	

a) Qual é o som que se repete nas palavras que você escreveu?

☐ /xe/

☐ /ze/

☐ /se/

b) Quais são as letras que representam esse som?

_____

2. Complete a lista de compras escrevendo as letras que faltam em cada palavra.

1 caixa de pê_____gos

2 pacotes de a_____car

1 kg de _____bolas

1 ma_____ de rabanetes

1 ma_____ de sal_____nha

½ kg de _____l

2 latas de ma_____ de tomate

1 pacote de do_____ de leite

1 caixa de uva-pa_____

1 pacote de _____mentes de gira_____l

◆ Leia novamente as palavras que você completou. Qual é o som representado pelas letras que você escreveu nessas palavras?

☐ /ke/   ☐ /se/   ☐ /ze/   ☐ /xe/

3. Ordene as sílabas e forme palavras.

cen a do te les _____   so ex ces _____

xí au lio _____   ce ex to _____

men cres ci to _____   ên ex pe cia ri _____

dis na ci pli _____   to tex _____

a) Nas palavras que você formou, pinte as letras indicadas com as cores pedidas na legenda.

🟥 x   🟦 sc   🟨 xc

b) Que som as letras **x**, **sc** e **xc** representam nessas palavras?

_____

89

DIVERTIDAMENTE

Nem tudo é o que parece...

◆ Decifre os enigmas e descubra as palavras.
Atenção: pense bem na grafia das palavras antes de escrevê-las... um erro poderá ser fatal e mudar o sentido de tudo!

Vim da Itália, em um navio enorme, cheio de gente. Desembarquei em Santos, peguei outro navio, fui para o Rio de Janeiro, segui para o Espírito Santo e parei no interior de Minas Gerais. Céus! Quanta andança.

Sou um típico: _____

Mafalda Velasco já participou de mais de 30 filmes, em produções de muito sucesso.

Hoje, na _____ especial do filme que acontece no Cine Lume, a atriz estará com o público para apresentação de seu novo trabalho. Você não vai perder esse evento, vai?

Ana é muito agradável e seu _____ é sempre simpático! Outro dia, ao encontrar Dora, ela tropeçou

na barra da calça, que estava com _____ maior que o esperado! Ana não se abalou e continuou com o sorriso largo no rosto ao ver a amiga!

Nos transportes coletivos, há _____ preferenciais.

O detetive Manoel tentou dar um _____ sem ser visto e _____ a movimentação de longe.

Benjamin é calado, discreto, movimenta-se pouco durante o dia, seu sorriso é contido, não chama a atenção. O rapaz tem a _____ como principal característica.

Beto _____ os alimentos como ninguém! Mas quando _____ roupas, era um desastre!

As pessoas que participam do _____ do município contam com o bom _____ dos habitantes para as respostas.

9 SUBSTANTIVO

Observe esta nuvem de palavras publicada na versão digital do jornal *O Estado de S. Paulo*.

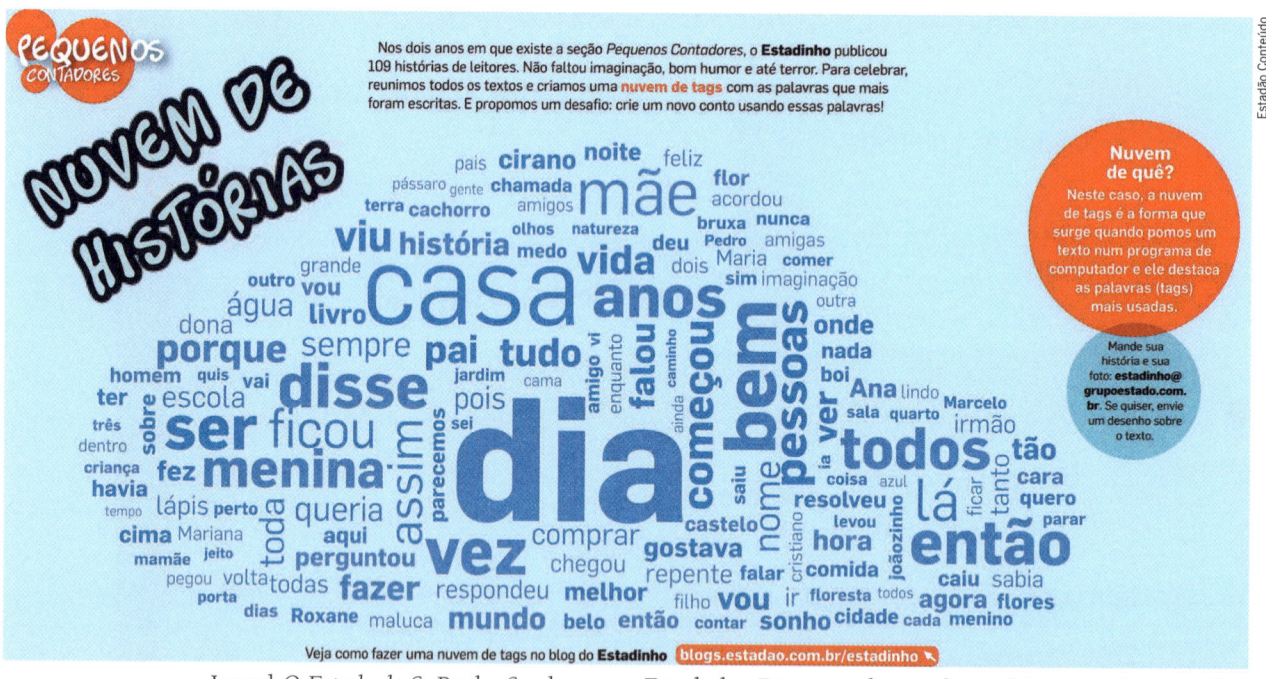

Jornal *O Estado de S. Paulo*. Suplemento *Estadinho*. Disponível em: <http://blogs.estadao.com.br/estadinho?s=pequenos+contadores>. Acesso em: novembro de 2016.

> **Nuvem de *tags*:** conjunto de palavras organizadas visualmente para apresentar as palavras mais usadas em uma página ou *site*; quanto mais usada uma palavra, maior ela aparece em relação às outras.

1. Essa imagem, criada por computador, mostra ao internauta:

   ☐ quantas palavras foram usadas nas histórias publicadas.

   ☐ as palavras que mais foram usadas nas histórias publicadas.

   ☐ as palavras mais importantes das histórias.

   ☐ todas as palavras que foram usadas.

homem terra MEDO mãe escola flor porta casa

2. Leia estas palavras.

> anos • casa • dia • menina • vez • vida

◆ Essas palavras são:

☐ adjetivos.   ☐ substantivos.   ☐ verbos.

3. Encontre na nuvem de palavras da página anterior:

a) três substantivos próprios: _____

_____

b) três substantivos comuns: _____

_____

c) o substantivo coletivo de **árvores**: _____

4. Substantivos podem ser classificados em simples e compostos. Leia e compare.

> água • **água-viva**   flor • **couve-flor**

◆ Como se classificam esses substantivos?

_____

_____

5. Leia e compare estes substantivos da nuvem de palavras da página anterior, usados pelos "pequenos contadores".

> medo • terra

a) Qual deles dá nome a um estado de espírito, a uma sensação? _____

b) Qual deles dá nome a algo que existe independentemente do ser humano?

_____

c) Substantivos como **medo**, **alegria**, **coragem** são classificados como abstratos. Como se classificam os substantivos que não são abstratos?

_____

6. Leia estes substantivos e ligue-os às palavras da 2ª coluna.

chamada   natural

comida   comer

natureza   chamar

◆ Agora, observe o quadro.

cham(ar) + -ada = chamada
com(er) + -ida = comida
natur(al) + -eza = natureza
                    ↓
                substantivos

a) De quais palavras se originaram esses substantivos?

_____

b) Escreva os substantivos abaixo nos quadros de acordo com o que se pede.

corrida • dia • imaginação • luz • riqueza • vida

Substantivo derivado: que se origina de outra palavra da língua	Substantivo primitivo: que não se origina de nenhuma outra palavra

Os substantivos dão nomes aos seres em geral.
Veja as classificações dos substantivos.

◆ **Comuns e próprios**

Os substantivos que dão nome a qualquer um dos seres ou elementos de uma categoria qualquer recebem o nome de **substantivos comuns**.

Exemplos: lápis, dia, hora, flor, pássaro.

Os **substantivos próprios** geralmente dão nome a pessoas, lugares, livros, revistas e são escritos com letra inicial maiúscula.

Exemplos: Pedro, Ana, Marcelo, São Paulo.

◆ **Simples e compostos**

Os substantivos formados por uma única palavra recebem o nome de **substantivos simples**.

Exemplos: árvores, dias, luz, jardim.

Os substantivos formados por mais de uma palavra recebem o nome de **substantivos compostos**.

Exemplos: árvore-da-vida, lápis-tinta, jasmim-da-noite, amigo-oculto.

◆ **Abstratos e concretos**

Os substantivos que dão nomes a qualidades, estados, ações, sentimentos, sensações que dependem de outros seres para existir recebem o nome de **substantivos abstratos**.

Exemplos: emoção, amor, felicidade, sonho.

Os substantivos que dão nome a seres de vida independente, reais ou imaginários, recebem o nome de **substantivos concretos**.

Exemplos: computador, chuva, planta, mosquito.

◆ **Primitivos e derivados**

Os substantivos que não se originam de nenhuma outra palavra recebem o nome de **substantivos primitivos**.

Os **substantivos derivados** são assim chamados porque se formam a partir de outras palavras, consideradas **primitivas**.

Exemplos:

primitivo	derivado
fogo	fogueira
jornal	jornalista
avião	aviador

◆ **Coletivos**

Os substantivos que designam um conjunto de seres ou elementos de uma mesma categoria recebem o nome de **substantivos coletivos**.

Veja alguns exemplos de substantivos coletivos.

álbum	retratos, selos, figuras	**feixe**	lenha
antologia	textos	**flora**	plantas ou vegetais de uma região
arquipélago	ilhas		
atlas	mapas	**floresta**	árvores
banda	músicos	**frota**	navios
bando	pessoas, aves	**galeria**	objetos de arte
biblioteca	livros	**grupo**	pessoas
bosque	árvores	**manada**	elefantes, bois
buquê	flores	**matilha**	cães
cacho	uvas, bananas, flores	**molho**	chaves, ervas
		multidão	pessoas
cardume	peixes	**orquestra**	músicos
coletânea	poemas, contos, canções	**pilha**	itens postos uns sobre os outros
colmeia	abelhas	**plateia**	espectadores
constelação	estrelas	**rebanho**	carneiros, ovelhas, cabras
cordilheira	montanhas		
elenco	atores e atrizes	**réstia**	cebolas, alhos
enxame	abelhas, gafanhotos	**revoada**	aves
		turma	estudantes, trabalhadores, amigos
exército	soldados		
fauna	animais de uma região		

◆ **Observação:** Um mesmo substantivo pode receber várias classificações. Veja.

O *Estadinho* publicou 109 histórias de leitores.

substantivo comum, simples e primitivo

ATIVIDADES

1. Ordene as sílabas e forme os substantivos próprios que dão nome aos locais representados nas fotografias.

Estátua do Cristo Redentor, Rio de Janeiro.

va | do | co | Cor

_____

Estátua em praia de Fortaleza, Ceará.

ma | l | ce | ra

_____

2. Escreva um substantivo próprio para cada substantivo comum.

Substantivo comum	Substantivo próprio
cidade	
parque	
jornal	

3. Classifique os substantivos em **comuns** ou **próprios**, **simples** ou **compostos**, **primitivos** ou **derivados**, **concretos** ou **abstratos**.

cor-de-rosa _____

colorido _____

felicidade _____

Caetano _____

4. Escreva a palavra que representa cada um destes significados.
   Pista: as respostas são substantivos derivados do substantivo primitivo **folha**.

   a) Doce formado por várias camadas finas de massa. _____

   b) Obra impressa de poucas páginas; fôlder. _____

   c) Conjunto das folhas de uma planta. _____

   d) Calendário em única folha ou em folhas destacáveis. _____

5. Complete as frases com os coletivos dos substantivos destacados.
   Atenção: consulte a página 96, se necessário.

   a) Os **elefantes** vivem nas savanas da África. A _____ viaja quilômetros em busca de água.

   b) Visitei **ilhas** que ficam no oceano Atlântico. O _____ que conheci é constituído por sete ilhas principais.

   c) Muitas **plantas** que pertencem à _____ brasileira estão ameaçadas de extinção.

   d) Comprei minhas últimas **figurinhas** hoje. Finalmente o meu _____ está completo!

6. Relacione as palavras das duas colunas e forme substantivos compostos.

Coluna 1	Coluna 2
porta	flor
guarda	marinho
lobo	civil
couve	retratos

   _____
   _____
   _____
   _____

7. Complete as frases com substantivos relacionados aos que estão destacados. Siga a classificação entre parênteses.

   a) O **açúcar** é uma substância de origem vegetal. Ele é extraído da _____. (substantivo composto)

   b) Flávio tem dois **brinquedos** preferidos: um _____ e uma _____. (substantivos simples)

PARA ESCREVER MELHOR
ORTOGRAFIA: SONS REPRESENTADOS PELA LETRA X

Leia este trecho de um guia de parques.

---

www.prefeitura.sp.gov.br

Parque do Povo

Complexo esportivo, quadras poliesportivas, com marcação especial para esportes paraolímpicos, campo de futebol gramado, aparelhos de ginástica de baixo impacto, ciclovia, sanitários, pista de caminhada e trilhas. [...]

Áreas de espécies frutíferas nativas, espécies exóticas, madeiras nobres, trepadeiras, jardim sensitivo (com ervas aromáticas). [...]

O projeto educativo e ambiental desenvolvido no local inclui sete trilhas autoexplicativas. [...]

Guia dos Parques Municipais de São Paulo. Disponível em: <www.prefeitura.sp.gov.br/cidade/secretarias/upload/meio_ambiente/arquivos/guia_parques2_web.pdf>.
Acesso em: novembro de 2016.

1. Leia em voz alta estas palavras do texto. Observe o som que a letra **x** representa e marque as respostas corretas.

   complexo • baixo • exóticas • autoexplicativas

   a) Na palavra **complexo**, a letra **x** representa o som:

   ☐ /xe/.   ☐ /se/.   ☐ /ze/.   ☐ /cse/.

   b) Na palavra **baixo**, a letra **x** representa o som:

   ☐ /xe/.   ☐ /se/.   ☐ /ze/.   ☐ /cse/.

   c) Na palavra **exóticas**, a letra **x** representa o som:

   ☐ /xe/.   ☐ /se/.   ☐ /ze/.   ☐ /cse/.

   d) Na palavra **autoexplicativas**, a letra **x** representa o som:

   ☐ /xe/.   ☐ /se/.   ☐ /ze/.   ☐ /cse/.

2. Pinte as palavras do quadro como indicado na legenda.

🟩 letra **x** com som igual ao de e**x**óticas

🟥 letra **x** com som igual ao de bai**x**o

> apaixonado • exagero • exame
> taxa • executar • exemplo • exercício • mexer
> exibir • examinar • xadrez • xícara

3. Leia as palavras do quadro.

> ameixa • caixa • faixa • feixe • peixe

a) Qual é o som representado pela letra **x** nessas palavras?

_____

b) Nessas palavras, as duas letras anteriores à letra **x** formam que tipo de encontro vocálico?

☐ hiato ☐ ditongo ☐ tritongo

CONCLUA!

☐ Após um hiato, usamos a letra **x** para representar o som /xe/.

☐ Após um encontro consonantal, usamos a letra **x** para representar o som /xe/.

☐ Após um ditongo, usamos a letra **x** para representar o som /xe/.

4. Leia estas palavras e circule as letras que vêm antes do **x**.

> enxuto • enxame • enxoval • enxurrada

◆ Observe as letras que você circulou e o som representado pela letra **x** nessas palavras. Complete a frase.

Após as letras iniciais _____, geralmente usamos a letra **x** para representar o som _____.

5. Complete as frases com palavras relacionadas às explicações entre parênteses.
   Pista: todas as respostas começam com as letras **enx**.

   a) Ao virar a esquina, _____ minha colega na sorveteria.
   (avistei, vi)

   b) Ontem o meu pai estava com _____.
   (dor de cabeça muito forte)

   c) A _____ levou o entulho das ruas para os bueiros.
   (grande quantidade de água que corre com violência, resultante de chuvas fortes)

6. O som /xe/ pode ser representado não apenas pela letra **x**, mas também por **ch**. Leia estas palavras e compare.

   | abai**x**ar | a**ch**ar | cai**x**ote | **ch**eio |

   ◆ Complete estas palavras com **x** ou **ch**.

   be_____iga   maca_____eira   _____ocante

   ma_____ucado   sanduí_____e   mo_____ila

7. Leia esta frase e preste atenção na palavra destacada.

   Sexta-feira será a festa de aniversário dos meus primos Rodrigo e Viviane.

   a) Circule as palavras do quadro abaixo em que a letra **x** representa o mesmo som que em **sexta**.

   explicação • exploração • extraordinário • oxigênio • táxi

   b) Escreva as palavras que você não circulou.

   _____

   c) Qual é o som representado pela letra **x** nas palavras que você escreveu no item anterior?

   ☐ /xe/   ☐ /se/
   ☐ /ze/   ☐ /cse/

8. Escreva nos quadros exemplos de palavras em que a letra **x** representa os sons indicados.

som /xe/
_____
_____
_____

som /ze/
_____
_____
_____

som /se/
_____
_____
_____

som /cse/
_____
_____
_____

EURECA!

Qual é a palavra?

◆ Siga as pistas e descubra as palavras.
Atenção: todas as palavras são substantivos compostos.

1. Ele é um cachorro que não late nem morde.

   ☐☐☐☐☐☐☐☐☐☐☐☐☐

2. Ele adora beijar e voar.

   ☐☐☐☐☐☐☐☐☐

3. Qual é o pé que é doce?

   ☐☐☐☐☐☐☐☐☐☐☐

4. Ele pode salvar vidas.

   ☐☐☐☐☐☐☐☐☐

5. É um vegetal que tem flor no nome.

   ☐☐☐☐☐☐☐☐☐

6. Muito colocada em saladas de frutas. É amarelinha...

   ☐☐☐☐☐☐☐☐☐

10 GÊNERO DO SUBSTANTIVO

Leia este texto, publicado em um *blog* (página pessoal da internet).

Papais do reino animal que merecem nosso respeito!

Assim como os homens, alguns animais também cuidam de seus filhos dividindo, ou até tomando para si, a responsabilidade com os pequenos.

Saguis-imperadores

Os machos de saguis podem ser considerados ótimos pais. Os saguis machos fornecem geralmente tanto cuidado **parental** quanto as fêmeas, mais que elas em alguns casos; os especialistas chamam isso de cuidado biparental. Esta espécie forma uma microestrutura familiar, que se constitui no casal reprodutor e suas **proles**. As fêmeas de sagui normalmente têm dois filhotes a cada gestação. O macho sempre carrega um dos pequenos, enquanto a fêmea carrega o outro. Os bebês só trocam de colo na hora de mamar.

Karla Patrícia. *Diário de biologia*. Disponível em: <http://diariodebiologia.com/2015/08/papais-do-reino-animal-que-merecem-nosso-respeito/>. Acesso em: novembro de 2016.

Parental: relativo a pai e mãe.
Proles: conjuntos dos filhotes.

1. O texto:

   ☐ informa sobre os saguis e o cuidado que têm com os filhotes.

   ☐ informa e comenta sobre o cuidado que os saguis-imperadores têm com seus filhotes.

   ☐ informa e comenta sobre como os saguis criam seus filhotes.

   ☐ informa sobre o cuidado que os saguis-imperadores têm com seus filhotes.

2. Observe como se indica o feminino destes substantivos do texto e ligue as colunas adequadamente.

   filho – filha   troca por outra palavra

   homem – mulher   troca da terminação **-o** por **-a**

3. Alguns substantivos que dão nome a animais, chamados **epicenos**, têm apenas uma forma para indicar o masculino e o feminino. Releia este trecho do texto.

   > Os saguis machos fornecem geralmente tanto cuidado parental quanto as fêmeas [...].
   > O macho sempre carrega um dos pequenos, enquanto a fêmea carrega o outro.

   a) De que maneira foi indicado o feminino do substantivo **sagui**?

   _____

   b) De que maneira foi indicado o masculino do substantivo **sagui**?

   _____

4. Existem alguns substantivos, chamados **comuns de dois gêneros**, que têm outras regras para a formação do feminino. Releia este trecho.

   > [...] os **especialistas** chamam isso de cuidado biparental.

105

a) Qual é o feminino do substantivo destacado?

_____

b) Como a forma feminina de **especialistas** poderia ser indicada no texto?

_____

5. Alguns substantivos, chamados **sobrecomuns**, têm uma única forma para os dois sexos. Releia este trecho.

> Os **bebês** só trocam de colo na hora de mamar.

O substantivo **bebê** é um substantivo sobrecomum.

◆ Nesta frase, indique qual é o substantivo sobrecomum.

> As fêmeas de sagui normalmente têm dois filhotes a cada gestação.

_____

Veja algumas maneiras de formar o feminino de alguns substantivos masculinos.

1. Troca ou acréscimo de terminação.

a) Pela troca de **-o** por **-a**.
Exemplos: filho – filha; aluno – aluna.

b) Pela troca de **-ão** por **-ã, -oa, -ona**.
Exemplos: irmão – irmã; leão – leoa; comilão – comilona.

c) Pelo acréscimo de **-a**.
Exemplos: cantor – cantora; português – portuguesa.

2. Substituição por outro substantivo.
Exemplos: homem – mulher; pai – mãe; carneiro – ovelha; rei – rainha.

3. Uso das palavras **macho** e **fêmea** nos substantivos epicenos, quando necessário.
Exemplo: o sagui macho; o jacaré fêmea.

4. Com o auxílio de uma palavra para os substantivos comuns de dois gêneros.
Exemplos: o especialista – a especialista; meu colega – minha colega.

5. Os substantivos sobrecomuns têm uma única forma para indicar os dois sexos.
Exemplos: o bebê; o filhote; a criança; a pessoa.

ATIVIDADES

1. Complete as frases com as expressões do quadro.

> o dentista • a dentista • o artista • a artista

a) Doutora Bete, _____ que atende meus primos, mora perto de casa.

b) _____ Tarsila do Amaral nasceu na cidade de Capivari, estado de São Paulo.

c) _____ brasileiro Candido Portinari nasceu em 1903 e faleceu em 1962.

d) Meu irmão é _____ que cuida da saúde bucal de toda a família.

2. Para escolher as expressões da atividade anterior, o que você precisou observar nas frases?

_____
_____
_____

3. Complete as frases com as palavras **o macho** ou **a fêmea**, conforme o sentido do texto.

a) Bandos de jacutingas vivem na Mata Atlântica, alimentando-se de frutos e alguns insetos. _____ fica no ninho esquentando os ovinhos enquanto _____ mantém-se alerta contra os predadores.

b) Os macacos-aranhas costumam viver em grupos de cerca de 20 animais. Quando grávida, _____ espera sete meses até o nascimento do filhote. Depois do nascimento, ela lhe dá de mamar e _____ protege o ninho do ataque dos gaviões.

107

4. Reescreva as frases, substituindo as formas masculinas destacadas pelas femininas correspondentes.

   a) Uma das aves mais apreciadas pelos **cidadãos** brasileiros é o papagaio.

   _____
   _____

   b) A maioria dos **estudantes** de Ciências não sabe identificar as diferentes espécies de pássaros. Para um **biólogo**, porém, essa é uma tarefa comum.

   _____
   _____
   _____
   _____

   c) **Jovens interessados** em vida silvestre gostam de fazer caminhadas ecológicas para observar e fotografar animais.

   _____
   _____
   _____
   _____

5. Complete as frases com os substantivos sobrecomuns do quadro.

crianças • criatura • pessoas

   a) Existem homens e mulheres que estudam os pássaros. As _____ que têm essa profissão chamam-se ornitólogos.

   b) Meninos e meninas gostam de observar a vida dos pássaros. Os professores costumam organizar excursões para incentivar as _____ a cultivar esse hábito.

   c) O morcego é um mamífero frequentemente confundido com uma ave. É uma _____ noturna que se alimenta de insetos e frutinhas.

PARA ESCREVER MELHOR
USO DE SUFIXOS

Leia o texto e observe as palavras destacadas.

http://mundoestranho.abril.com.br

Como o homem caçava e se alimentava na Pré-História?

A resposta depende primeiro de outra pergunta: de que momento da Pré-História se está falando? [...]

Os caçadores pré-históricos provavelmente acompanhavam a migração de manadas de animais, procurando cercá-las em desfiladeiros na hora do ataque. A caçada era **realizada** por grupos com arcos, flechas e lanças [...].

[...] As pontas das lanças e das flechas podiam ser de osso ou de pedra lascada. É difícil dizer com **certeza** quem fazia esses objetos, mas provavelmente era uma tarefa masculina.

Pintura rupestre no Parque Nacional da Serra da Capivara, em São Raimundo Nonato, Piauí.

Disponível em: <http://mundoestranho.abril.com.br/materia/como-o-homem-cacava-e-se-alimentava-na-prehistoria>. Acesso em: novembro de 2016.

1. Observe como foram formadas estas palavras do texto.

> real ⟶ realiz(ar) ⟶ **realizada**   cert(o) ⟶ **certeza**

   a) Podemos formar palavras com o uso de sufixos. Na formação dessas palavras, quais sufixos foram acrescentados?

   _____

   _____

   b) Agora, observe as palavras abaixo e circule os sufixos empregados.

   pálid(o) ⟶ palidez   maravilh(a) ⟶ maravilhoso

   limp(o) ⟶ limpeza   útil ⟶ utilizar

   bel(o) ⟶ beleza   pesquis(a) ⟶ pesquisar

2. Use o sufixo **-eza** ou **-ez** para formar palavras.

   rico _____   fraco _____

   pobre _____   macio _____

   estúpido _____ delicado _____

3. Complete as colunas do quadro como indicado no exemplo.

Palavra	Coluna 1	Coluna 2
útil	utilizar	utilização
final		
local		
memória		

◆ Qual é o sufixo que se repete na **Coluna 1**?

_____

CONCLUA!

Podemos deduzir a _____ de uma palavra observando a _____ dessa palavra.

4. Encontre no diagrama quatro palavras com as terminações **-inho** e **-inha**.

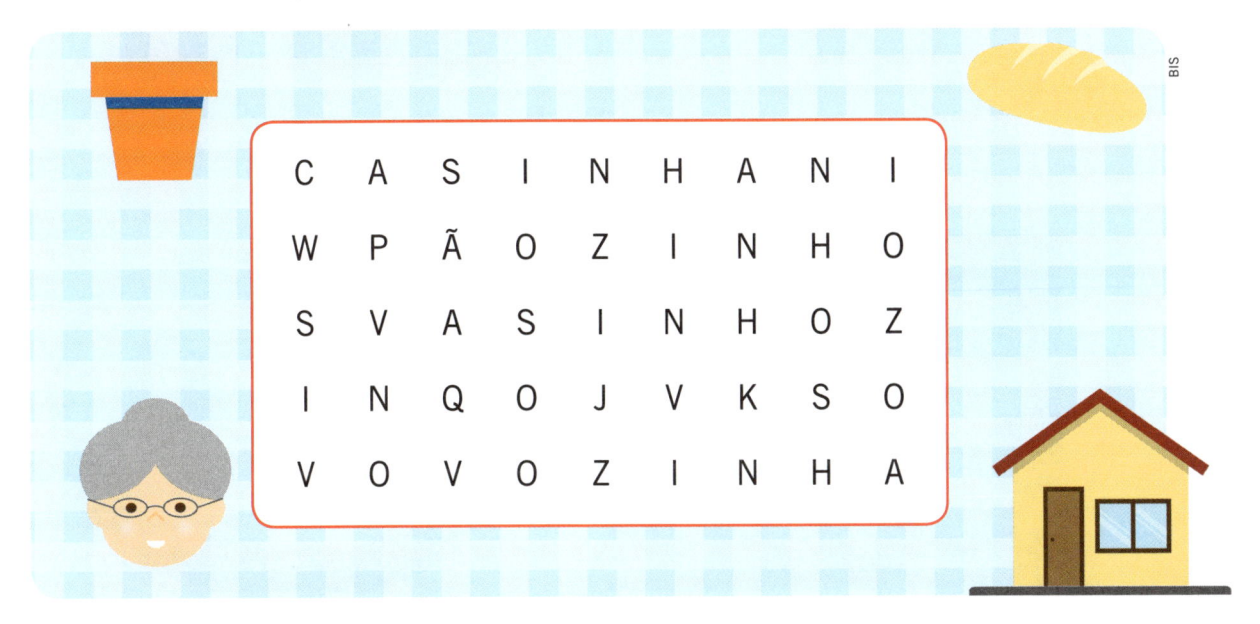

C	A	S	I	N	H	A	N	I
W	P	Ã	O	Z	I	N	H	O
S	V	A	S	I	N	H	O	Z
I	N	Q	O	J	V	K	S	O
V	O	V	O	Z	I	N	H	A

◆ Complete as frases com as palavras que você encontrou no diagrama.

a) O _____ fresco fica pronto, todos os dias, às 4 h.

b) Chapeuzinho Vermelho foi até a casa de sua _____.

c) Vende-se _____ na praia com uma bela vista para o mar.

d) Oferta! _____ com violetas por R$ 3,99 cada um!

5. Forme palavras empregando o sufixo **-oso** ou **-osa** de acordo com as indicações de masculino ou feminino.

gosto (feminino) _____

revolto (masculino) _____

orgulho (masculino) _____

cheiro (feminino) _____

◆ Escreva o nome do que está retratado em cada fotografia e acrescente uma das palavras que você formou.

_____   _____

_____   _____

6. Complete as frases com palavras formadas a partir das que estão entre parênteses. **Pista:** utilize sufixos.

   a) A comida do restaurante novo é bem _____. (apetite)

   b) Quem é que não aprecia um _____ prato com arroz e feijão? (gosto)

   c) Contribua com a _____ das praias: não enterre lixo na areia. (limpo)

7. Marque com um **X** os sufixos que você utilizou na atividade anterior.

   ☐ -izar   ☐ -oso, -osa
   ☐ -eza   ☐ -ez

DIVERTIDAMENTE

Hora da diversão!

◆ Descubra as palavras que completam a cruzadinha lendo as frases dos quadros.
Dica: as palavras terminam em **-oso** ou **-eza**.

Horizontal
1. Duques e barões pertencem à…
2. Característica de quem é belo.
3. Os contos de fadas também são chamados de contos…
4. Sanduíche que tem sabor.
5. Cheio de perigo.

Vertical
6. Característica de quem é delicado.
7. Uma pessoa que se sente fraca sente…
8. Quem tem muito charme é…
9. O relevo do estado de Minas Gerais é…

113

11 NÚMERO DO SUBSTANTIVO

Você gosta de desenhar?

Com desenhos podemos criar mundos imaginários. Leia o texto e veja como um menino fez isso.

Era uma vez um menino que gostava muito de desenhar e de criar gente, bichos e coisas.

Uma tarde, o menino desenhou uma casa muito grande, com sótão e porão. Olhou por todas as janelas e não viu ninguém.

Como achava triste casa sem gente, desenhou a velha proprietária. E desenhou o quintal com árvores, folhas, flores, frutos e pássaros. Um jardim com borboletas, beija-flores e mais flores e pássaros. Muitas cores e perfumes.

[...]

Elias José. *Mundo criado, trabalho dobrado.*
São Paulo: Atual, 2014.

1. A finalidade do texto é:

   ☐ contar uma lenda.
   ☐ apresentar uma fábula.
   ☐ narrar uma história.
   ☐ relatar um fato acontecido.

2. Os substantivos empregados nesse texto estão relacionados com a criação de um mundo. Observe as palavras do quadro.

> árvore**s** • fruto**s** • pássaro**s**

a) Como se formou o plural desses substantivos?

_____

b) Agora, observe a letra com que termina cada palavra. Para formar o plural desses substantivos, qual regra se aplica?

> cor ⟶ cores   flor ⟶ flores
> rapaz ⟶ rapazes   vez ⟶ vezes
> país ⟶ países

_____

c) Observe o plural destes outros substantivos do texto e explique como ele se formou.

> quintal ⟶ quintais
>
> porão ⟶ porões
>
> jardim ⟶ jardins

_____
_____
_____

3. Palavras terminadas em **-il** podem apresentar diferenças na formação do plural. Compare.

fóssil ⟶ fóss**eis**   funil ⟶ fun**is**

◆ Como se formou o plural desses substantivos?

_____

_____

4. Escreva no plural:

o lápis verde   o pires quebrado

_____   _____

◆ Como se formou o plural dos substantivos **lápis** e **pires**?

_____

_____

Formação do plural

1. Formamos o plural dos substantivos:
a) pelo acréscimo de **-s**.
   Exemplos: árvores, folhas, frutos, mães.
b) pelo acréscimo de **-es** nos substantivos terminados em **-r, -s, -z**.
   Exemplos: flores, vezes.
c) pela troca de **-m** por **-ns**, nos substantivos terminados em **-m**.
   Exemplos: jardins, homens.
d) pela troca de **-l** por **-is**, nos substantivos terminados em **-al, -el, -ol, -ul**.
   Exemplos: quintais, papéis, anzóis, azuis.
e) pela troca de **-l** por **-s** ou pela troca de **-il** por **-eis** nos substantivos terminados em **-il**.
   Exemplos: funis, fósseis.
f) pela troca de **-ão** por **-ões** ou **-ães**, nos substantivos terminados em **-ão**.
   Exemplos: porões, pães.

2. Alguns substantivos não mudam no plural.
   Exemplos: o pires – os pires; o lápis – os lápis.

3. Plural dos compostos.
   Há muitas regras para formar o plural dos substantivos compostos. A maneira mais prática de buscar essa informação é consultar um dicionário sempre que necessário.
   Exemplos: estrela-do-mar – estrelas-do-mar; bicho-da-seda – bichos-da-seda; beija-flor – beija-flores.

ATIVIDADES

1. Forme o plural destes substantivos.

   menino _____

   janela _____

   proprietária _____

   tarde _____

   água _____

   caneta _____

   ◆ Para formar o plural desses substantivos:

   ☐ trocamos a vogal por **-s**.

   ☐ acrescentamos **-s**.

   ☐ acrescentamos **-es**.

   ☐ acrescentamos **-is**.

2. Pinte de azul os substantivos que formam o plural pelo acréscimo de **-es**.

atores	répteis	móveis	mulheres
repórteres	cobertores	atrizes	hospitais
canais	caracóis	luzes	túneis

   varais   vezes   fregueses

   ◆ Que terminações os substantivos que você pintou têm quando estão no singular?

   _____

117

3. Escreva o nome das imagens e forme o plural dos substantivos trocando a letra **-m** por **-ns**.

	Substantivo no singular	Substantivo no plural

4. Complete as frases com o plural dos substantivos destacados.

a) Preciso de um **funil**. Os _____ servem para despejar líquidos em vasilhas de boca estreita.

b) O entregador trouxe um **barril**. Avise que queremos mais cinco _____.

c) Visitamos vários _____ até encontrar o **canil** São Joaquim.

◆ Qual é a terminação dos substantivos destacados?

_____

◆ Esses substantivos seguem a regra geral dos substantivos terminados em **-al**, **-el**, **-ol**, **-ul**?

_____

CONCLUA!

Para formar o plural desses substantivos terminados em **-il**, trocamos _____ por _____.

5. Complete as placas, utilizando os substantivos do quadro no plural.

avião • balão • caminhão • mão

Exposição de _____ antigos

Lave as _____ antes de comer

Interditado tráfego de _____

Proibido soltar _____

6. Complete as frases com o plural das expressões entre parênteses.

a) Vou lavar _____, pois estão sujos de barro. (meu **tênis**)

b) _____ não devem trafegar pelas ruas. (**ônibus** velho)

CONCLUA!

☐ Alguns substantivos não mudam no plural.

☐ A indicação do plural de alguns substantivos depende das palavras que os acompanham.

7. Escreva o plural dos substantivos compostos destacados no trecho abaixo. Você pode consultar um dicionário!

    ◆ Nas festas juninas, **cachorro-quente**, cocada e **algodão-doce** fazem a delícia da criançada. O problema é fugir do **busca-pé**.

    _____

    _____

    _____

8. Marque com um **X** as respostas corretas.

    a) Fazem o plural como **cachorro-quente** os substantivos:

    ☐ bananas-nanicas.　　☐ bate-bocas.

    ☐ recém-nascidos.　　☐ sextas-feiras.

    b) Fazem o plural como **algodão-doce** os substantivos:

    ☐ águas-de-colônia.　　☐ estrelas-do-mar.

    ☐ guardas-civis.　　☐ bons-dias.

    c) Fazem o plural como **busca-pé** os substantivos:

    ☐ saca-rolhas.　　☐ bichos-da-seda.

    ☐ guarda-chuvas.　　☐ bate-papos.

CONCLUA!

☐ Os substantivos compostos podem formar o plural de várias maneiras.

☐ Os substantivos compostos formam o plural sempre da mesma maneira.

☐ Os substantivos compostos possuem a mesma grafia no singular e no plural.

PARA ESCREVER MELHOR
ONDE, AONDE

Leia estes dois provérbios a seguir e compare as palavras destacadas.

Não tira bom resultado quem vai **aonde** não é chamado.

lugar a que alguém vai

Onde há fumaça, há fogo.

lugar onde algo acontece ou está

Aonde	A palavra **aonde** refere-se ao movimento de **ir a algum lugar**. **Aonde** é a junção de **a + onde**, pois quem vai, vai **a** algum lugar e quem chega, chega **a** algum lugar.
Onde	A palavra **onde** se refere ao lugar em que algo acontece, está ou surgiu.

1. Marque com um **X** as respostas corretas.

    ☐ Onde e aonde têm o mesmo significado.

    ☐ Onde significa lugar onde algo acontece ou está.

    ☐ Aonde significa lugar a que alguém vai.

    ☐ Aonde é a junção de a + onde.

2. Complete estes provérbios com **onde** ou **aonde**.

    a) _____ come um, comem dois.

    b) Casa _____ não entra sol, entra o médico.

    c) Cada qual sabe _____ lhe doem os calos.

    d) _____ vai a corda, vai a caçamba.

3. Escolha **onde** ou **aonde** para completar as frases corretamente.

Onde	Aonde	
		ela vai com tanta pressa?
		vamos nos encontrar?
		você foi hoje?
		devemos descer para chegar ao parque?
		ele deve ir daqui a uma semana?

CONCLUA!

☐ A palavra **aonde** é usada com verbos que indicam movimento como **ir** e **chegar**.

☐ A palavra **aonde** é usada com qualquer verbo.

☐ A palavra **onde** é usada com verbos que indicam **o lugar em que algo ou alguém está**.

4. Observe o uso de **onde** e **aonde** nestas frases e complete-as com um verbo adequado.

   a) Ninguém sabe **onde** as crianças _____.

   b) Ninguém sabe **aonde** as crianças _____.

   c) Não conheço a escola **onde** ela _____.

   d) Não conheço a escola **aonde** ela _____.

EURECA!

A intrusa é...

◆ Leia com atenção as palavras da espiral e descubra entre elas uma palavra intrusa.

ações, cidadãos, corrimãos, botões, opiniões, corações, bênçãos, cristãos, alemães, grãos, mãos, eleições, órfãos, órgãos, irmãos

◆ Descobriu qual é a palavra intrusa? Explique como você chegou a essa resposta.

_____
_____
_____
_____

12 GRAU DO SUBSTANTIVO

Leia o texto e observe a imagem.

http://www.behance.net

Palavrinha ou palavrão?

[...]

Zup! Pop! Hunf! Glupt! Tchannn!

Hein? Não entendeu?

Nesse livro, Karin Sá Rego e Daniel Kondo fizeram um barulhão. É com muita imaginação que a história acontece com mil **onomatopeias**. No texto rimado, o dia a dia de uma criança é contado com todos os sons possíveis. Nina pula da cama (TRIMMMM!), come um pãozinho com manteiga (HUMMMMM!) e vai para a escola com sua vó-torista (BI-BI-BI!).

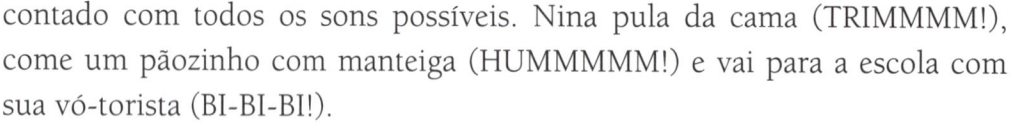

Entre uma página e outra, a garota e seu irmão Theo são guiados pelos traços do artista, numa sintonia perfeita com os movimentos das letras.

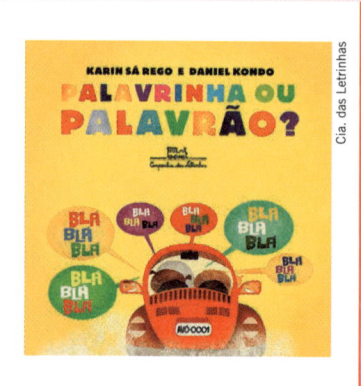

[...]

Disponível em: <http://www.behance.net/gallery/4173605/palavrinha-ou-palavrao>.
Acesso em: novembro de 2016.

Onomatopeia: palavra que procura reproduzir um som.

1. A finalidade do texto é:

    ☐ dar exemplos de onomatopeias, como **trimmmm**.

    ☐ fazer um convite para o lançamento do livro.

    ☐ dar informações sobre o livro.

    ☐ despertar o interesse do leitor para a leitura do livro.

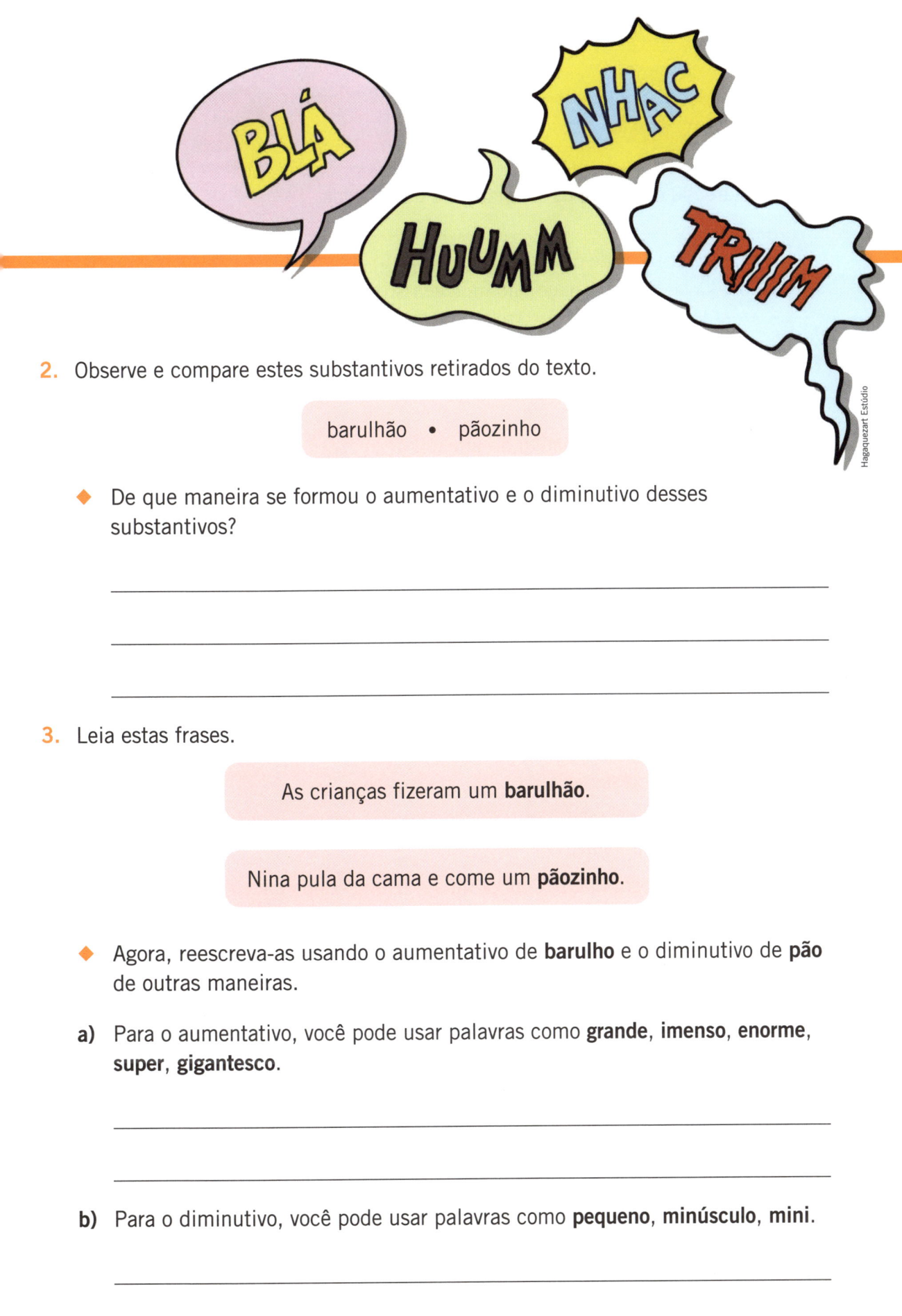

2. Observe e compare estes substantivos retirados do texto.

> barulhão • pãozinho

- De que maneira se formou o aumentativo e o diminutivo desses substantivos?

_____

_____

_____

3. Leia estas frases.

> As crianças fizeram um **barulhão**.

> Nina pula da cama e come um **pãozinho**.

- Agora, reescreva-as usando o aumentativo de **barulho** e o diminutivo de **pão** de outras maneiras.

a) Para o aumentativo, você pode usar palavras como **grande**, **imenso**, **enorme**, **super**, **gigantesco**.

_____

_____

b) Para o diminutivo, você pode usar palavras como **pequeno**, **minúsculo**, **mini**.

_____

_____

ATIVIDADES

1. Leia o trecho e observe os substantivos destacados.

> Mau gosto rir de quem se esborracha no chão [...] quando é um **tombinho** bobo, vá lá. Mas **tombaço** não merece risos. Merece ajuda.
> Pedro Antônio de Oliveira. *Metade é verdade, o resto é invenção*. São Paulo: Formato, 2014.

◆ Nesse texto a palavra **tombinho** indica:

☐ variação de tamanho de um ser.

☐ indica um tombo leve, que não machuca.

◆ A palavra **tombaço** indica:

☐ variação de tamanho de um ser.

☐ um tombo sério, forte, que machuca.

---

1. A formação dos graus **aumentativo** e **diminutivo** dos substantivos é, em geral, indicada pelo acréscimo:

   a) do sufixo (terminação) **-ão** para expressar aumento, intensificação.
   Exemplo: barulh**ão**.

   b) dos sufixos (terminação) **-inho/-inha** e **-zinho/-zinha** para expressar diminuição.
   Exemplo: pão**zinho**.

2. Podemos também formar o **grau diminutivo** e o **grau aumentativo** dos substantivos com a ajuda de outras palavras que indicam aumento ou diminuição.
   Exemplos: minipão, barulho **enorme**.

3. Nem sempre o substantivo no grau aumentativo ou no grau diminutivo indica aumento ou diminuição do tamanho, respectivamente. Ele também pode indicar carinho, admiração, desprezo, ironia.

4. Nem todas as palavras terminadas em **-ão** estão no grau aumentativo.
   Exemplos: coração, pão, trovão.
   E nem todas as palavras terminadas em **-inho/-inha** estão no grau diminutivo.
   Exemplos: galinha, carinho.

2. Observe o diminutivo das palavras abaixo. Depois, complete as frases.

vaso → vasinho   nariz → narizinho   mãe → mãezinha
mesa → mesinha   café → cafezinho   bar → barzinho

a) As palavras **vaso** e **mesa** são escritas com **s** e formam o diminutivo pelo acréscimo de _____ ou _____ , permanecendo o **s** na grafia.

b) A palavra **nariz** tem a letra **z** e forma o diminutivo pelo _____ _____, permanecendo o **z** na grafia.

c) As palavras **mãe**, **café** e **bar** formam o diminutivo pelo _____ _____.

3. Leia o quadro.

Formação de diminutivo plural com palavras terminadas em **-l** e em **-ão**	
Singular	Plural
coração	corações + zinho → coraçõezinhos
varal	varais + zinho → varaizinhos
anel	anéis + zinho → aneizinhos

◆ Agora, complete as frases, substituindo a expressão no diminutivo entre parênteses pelo diminutivo com a terminação **-zinho/-zinha**.

a) No parque, um homem vende _____ coloridos. (balões pequenos)

b) Nas feiras, vendem-se _____ de queijo. (pastéis pequenos)

c) _____ brincam com a bola no quintal. (cães pequenos)

CONCLUA!

☐ O diminutivo plural dos substantivos terminados em **-ão** e em **-l** forma-se pelo acréscimo de **-zinho** à palavra no singular, mais **s** no final.

☐ O diminutivo plural dos substantivos terminados em **-ão** e em **-l** forma-se pelo acréscimo de **-zinho** à palavra no plural e pela mudança de lugar do **s**.

4. Complete as frases com o aumentativo dos substantivos destacados.

   a) A velha fábrica pegou **fogo**. Quando os bombeiros chegaram, o

   _____ já havia destruído tudo.

   b) Vamos ao porto pegar um outro **barco**, pois a _____ para Niterói já partiu.

   c) O **nariz** do menino está inchado e agora ele está com um _____.

   d) As casas deste bairro têm **muros** muito altos. Os proprietários construíram

   verdadeiras _____.

   e) A **cabeça** do cão era enorme! Uma _____ de dar medo!

5. Compare o emprego do diminutivo nestas duas tirinhas.

   Disponível em: <http://omeninomaluquinho.educacional.com.br/PaginaTirinha/PaginaAnterior.asp?da=02092011>. Acesso em: novembro de 2016.

   Disponível em: <http://omeninomaluquinho.educacional.com.br/PaginaTirinha/PaginaAnterior.asp?da=04102011>. Acesso em: novembro de 2016.

   ◆ Na primeira tira, **panelinha** indica:

   ☐ variação de tamanho.   ☐ afeto.   ☐ admiração.

   ◆ Na segunda tira, **filhinho** indica:

   ☐ variação de tamanho.   ☐ afeto.   ☐ admiração.

PARA ESCREVER MELHOR
DIFICULDADES ORTOGRÁFICAS

Leia esta notícia.

http://www.brasil.gov.br

Pesquisadores comemoram conservação de tartarugas marinhas no Brasil

Soltura simbólica contou com a participação de pesquisadores, músicos e pessoas que ajudam na proteção destes animais.

[...]

A importância de eventos como este é chamar a atenção da sociedade para algo que é responsabilidade de todos nós: cuidar das tartarugas marinhas, dos oceanos e do meio ambiente. [...]

Disponível em: <http://www.brasil.gov.br/meio-ambiente/2015/03/pesquisadores-comemoram-a-conservacao-das-tartarugas-marinhas-no-brasil>. Acesso em: novembro de 2016.

1. Observe estas palavras do texto.

   simbólica • importância

   a) Qual é a letra que vem antes das consoantes **p** e **b**?

   _____

   b) Ordene as sílabas e forme palavras da mesma família dessas acima.

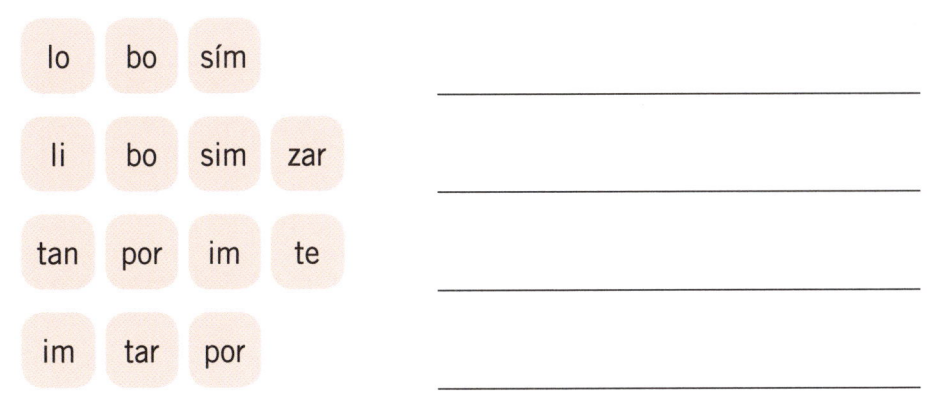

lo	bo	sím	
li	bo	sim	zar
tan	por	im	te
im	tar	por	

CONCLUA!

De acordo com o que você formou, nas palavras de uma mesma família, a grafia:

☐ se altera antes de **p** e **b**.

☐ permanece sem alteração antes de **p** e **b**.

2. Complete as frases com o plural dos verbos entre parênteses.

   a) É preciso proteger as tartarugas marinhas, porque elas _____ (representa) a perpetuação da vida.

   b) As tartarugas _____-se (desloca-se) desde os trópicos até as regiões subpolares.

   c) As tartarugas marinhas _____ (faz) parte da dieta de vários animais: raposas, lagartos, peixes, baleias, entre outros.

   d) Ao _____ (nascer), as tartarugas marinhas rumam para alto-mar.

3. Complete as frases com as palavras destacadas, acrescentando a cada uma **im-** ou **in-**. Veja o exemplo.

   a) Farei o **possível** para ajudá-lo, mas talvez seja **impossível** fazer esta tarefa.

   b) Estou **certo** de que vamos viajar. Só estou _____ em relação ao lugar.

   c) O trabalho daquela profissional precisa ser **perfeito**; não pode haver nada _____.

   d) O resultado do jogo foi **parcial**. Infelizmente o juiz não foi _____.

   e) Não consegui entender a sua avaliação... Afinal, o que está **correto** e o que está _____?

4. Forme novas palavras trocando cada terminação **-am** por **-ão**.

caminham _____

calçam _____

pensam _____

mamam _____

botam _____

choram _____

5. Escreva as palavras abaixo no quadro correspondente.

boletim • hífen • jovem • pinguim
pólen • porém • reportagem • também

Oxítonas	Paroxítonas
_____	_____
_____	_____
_____	_____
_____	_____

CONCLUA!

Observando as palavras da atividade anterior, complete as frases.

a) As palavras **oxítonas** terminadas em **-em** são _____.

b) As palavras _____ terminadas em **-im** _____ são acentuadas.

c) As palavras _____ terminadas em **-n** são acentuadas.

d) As palavras _____ terminadas em **-m** _____ são _____.

DIVERTIDAMENTE

Quem é?

◆ Pinte os substantivos no diminutivo e descubra quem está escondido nesta figura. **Pista:** ele é o menorzinho de um grupo de personagens muito conhecido dos contos de fadas!

caminho
carinho
ave minúscula
adivinha
focinho
narizinho
canetinha
estrelinha
cozinha
padrinho
minha
gotícula
sozinha
passarinho
mesinha
espinho
vizinho
gatinho
cãozinho
cebolinha
ninho

- Qual é o nome desse personagem? _____
- Qual é o nome da história de que esse personagem faz parte?

_____

REVISÃO

1. Observe estes verbetes de dicionário.

   > **louro**[1] *sm* A folha do loureiro.
   > **louro**[2] *sm* Papagaio.
   > **louro**[3] *adj* **1.** De cor amarelo-tostada, entre o dourado e o castanho-claro. **2.** Diz-se do cabelo dessa cor. **3.** Aquele que tem o cabelo louro.
   >
   > Saraiva Júnior – Dicionário da Língua Portuguesa Ilustrado. São Paulo: Saraiva, 2014.

   ◆ Leia as frases e numere-as de acordo com o significado de **louro** em cada uma delas.

   louro[1] → 1   louro[2] → 2   louro[3] → 3

   ☐ Eles são maravilhosos, mas será que é permitido ter um louro em casa?

   ☐ Seus cabelos eram louros de nascença.

   ☐ Louro e cebola fazem uma ótima combinação na feijoada.

2. Escreva se as palavras destacadas são **parônimas** ou **homônimas**.

   a) Pobre leão-marinho! Machucou a **pata** em uma briga!

   Ovos de **pata** são uma boa fonte de proteína.

   _____

   b) Ao se encontrarem pela primeira vez, as pessoas costumam trocar **cumprimentos**.

   Qual será o **comprimento** da asa de um pinguim?

   _____

   c) A palavra *louro* não tem **acento**.

   Nos trens do metrô há **assento** reservado para idosos e gestantes.

   _____

   d) O namorado daquela moça não foi muito **cavalheiro**.

   Aquele fazendeiro é excelente **cavaleiro**.

   _____

3. Escreva substantivos próprios ou comuns de acordo com o que se pede. Depois, anote nos quadrinhos **P** para os substantivos próprios que você escreveu e **C** para os comuns.

a) Capital do Brasil. ⟶ _____ ☐

b) Garoto, guri. ⟶ _____ ☐

c) Pode ser usado no pulso. ⟶ _____ ☐

d) Menor estado do Brasil. ⟶ _____ ☐

e) Meio de transporte aquático. ⟶ _____ ☐

4. Escreva as palavras nos quadros correspondentes.

fechado • lixeiro • fechadura • lixão • fechar • lixeira

lixo	fecho
_____	_____
_____	_____
_____	_____

◆ Leia as palavras que você escreveu em cada quadro e registre a sua conclusão em relação à grafia dessas palavras.

_____

_____

5. Complete as frases com **onde** ou **aonde**.

a) Depois de várias pesquisas, foi possível saber _____ e como surgiu o Carnaval.

b) No feriado de Carnaval, _____ você vai?

c) Após uma viagem longa, chegamos a Olinda, _____ se realizam grandes festividades carnavalescas.

d) _____ você vai chegar com o carro alegórico?

134

6. Complete o texto a seguir com as palavras do quadro, passando-as para o plural.

> corpo • instrumento • movimento • música • par

Baião

Ritmo musical, com dança, típico da região Nordeste do Brasil. Os _____ usados nas _____ de baião são: triângulo, viola, acordeom e flauta doce. A dança ocorre em _____ (homem e mulher) com _____ parecidos com o do forró (dança com _____ colados). O grande representante do baião foi Luiz Gonzaga.

Danças folclóricas do Brasil. Disponível em: <www.suapesquisa.com/folclorebrasileiro/dancas_folcloricas.htm>. Acesso em: novembro de 2016.

7. Complete a frase com a palavra **presente** no aumentativo.

> Ganhei um _____ de aniversário!

◆ Nessa frase, a palavra no aumentativo expressa:

☐ redução de tamanho.   ☐ entusiasmo.

☐ tristeza.

8. Observe as expressões destacadas e complete as frases com palavras que tenham o prefixo **des-** ou **im-**.

a) Ele **não ficou contente** com a notícia.

Ele ficou _____ com ela.

b) Essas praias **não são próprias** para banhos de mar.

Elas são _____.

c) **Não é possível** realizar a tarefa que você pediu.

É _____ realizá-la.

13 ARTIGO

Leia esta tirinha.

O mundo de Leloca

UFA! O SUPERMERCADO ESTAVA MUITO CHEIO! A FILA DO CAIXA INTERMINÁVEL E O ESTACIONAMENTO INSUPORTÁVEL!

E O QUE VOCÊ TROUXE PRA MIM MAMÃE?

COMPREI UMAS BALAS E UM BOLO DE MORANGO, QUE ME CUSTARAM OS OLHOS DA CARA!

OS OLHINHOS DA MAMÃE

DEVOLVA TUDO MAMÃE! EU NÃO QUERO QUE VOCÊ FIQUE SEM OS OLHOS!

Eugênio Sá

Disponível em: <www.leloca.com.br/>. Acesso em: novembro de 2016.

1. A tirinha:

☐ narra uma história ao leitor. ☐ tem humor e diverte o leitor.

☐ não tem humor. ☐ conta um fato que Leloca sonhou.

2. Releia estas frases e observe as palavras destacadas.

> **O** supermercado estava muito cheio! **A** fila do caixa interminável [...]

a) Nessas frases, as palavras **o** e **a** são:

☐ substantivos. ☐ artigos. ☐ adjetivos.

b) Releia estes trechos.

> Comprei umas balas [...]
> Eu não quero que você fique sem os olhos!

◆ Quais são os artigos presentes nesse trecho? _____

3. Leia as frases do quadro e compare o uso dos artigos destacados.

> Comprei **umas** balas.
> Mamãe trouxe **as** balas de que eu mais gosto.

a) Marque com um **X** a frase correta.

☐ Em **umas balas** não sabemos quais são as balas.

☐ Em **as balas** não sabemos quais são as balas.

b) Complete as frases com uma das palavras entre parênteses.

Em **umas balas**, temos um artigo _____. (definido/indefinido)

Em **as balas**, temos um artigo _____. (definido/indefinido)

Nos exemplos que você leu, os artigos **a** e **uma** acompanham os substantivos a que se referem e concordam com eles em gênero e número. Os artigos podem ser definidos ou indefinidos:

◆ **Artigos definidos:** o, a, os, as.
Referem-se ao substantivo de uma maneira particular, precisa e clara.

◆ **Artigos indefinidos:** um, uma, uns, umas.
Referem-se ao substantivo de forma genérica, vaga, imprecisa.

---

4. Leia as frases e observe as palavras destacadas.

> **Ayrton Senna** foi piloto de Fórmula 1.
> O **Fábio**, meu vizinho, assiste a corridas de Fórmula 1 todos os domingos.

a) Os substantivos próprios destacados dão nome a:

☐ lugares. ☐ pessoas.

b) Nas duas frases, eles estão acompanhados de artigos?

☐ Sim ☐ Não

Em geral, evitamos usar artigo acompanhando substantivos próprios que dão nome a pessoas. Porém, em situações cotidianas, esse uso é comum quando há familiaridade ou proximidade entre a pessoa que fala ou escreve e a pessoa a quem ela se refere. Observe.

Marta é uma jogadora de futebol conhecida internacionalmente.

A ausência de artigo é um indício de que não há proximidade entre as pessoas.

Ontem **a Marta** me chamou para jogar bola.

O artigo indica familiaridade entre as pessoas.

ATIVIDADES

1. Escreva na frente dos substantivos os artigos adequados.

Definidos	_____ compras, _____ olhos, _____ fila, _____ mercado
Indefinidos	_____ gatos, _____ balas, _____ estacionamento, _____ boneca

2. Complete a segunda frase de acordo com a primeira. Veja o exemplo.

   a) **Uma fila** interminável. Era **a fila** do caixa.

   b) **Um gato** entrou em casa. Foi _____ do vizinho.

   c) **Uma mãe** falou ao telefone. Era _____ da Ana.

   d) Vimos **uns carros**. Eram _____ do estacionamento lotado.

CONCLUA!

O **artigo indefinido** refere-se ao substantivo de forma:

☐ precisa.   ☐ imprecisa.

O **artigo definido** refere-se ao substantivo de forma:

☐ precisa.   ☐ imprecisa.

3. Acrescente a cada frase uma continuação, empregando um artigo definido. Veja o exemplo.

   a) Muitas pessoas querem aprender a falar **uma** língua estrangeira.
   A língua que eu gostaria de falar é **o** alemão.

   b) Participei de **uma** pescaria com os meus melhores amigos.

   _____

   c) Eu gostaria de conhecer **um** lugar bem diferente de onde moro.

   _____

4. Nem sempre usamos artigo diante de nomes de países e estados. Observe.

> O **Brasil** é um país imenso.
> ↳ usa-se **com** artigo

> **Portugal** fica na Europa.
> ↳ usa-se **sem** artigo

   a) Complete com artigos quando for necessário.

   _____ Estados Unidos   _____ Paraná

   _____ França   _____ Pernambuco

   _____ Canadá   _____ Paraíba

   _____ Cuba   _____ Rondônia

   b) Qual é o nome do estado onde você mora? Usa-se artigo diante dele? Escreva uma frase com esse nome.

   _____

   _____

5. Complete o texto com artigos definidos e indefinidos.

> Envelopes são _____ invenção antiga. Mas eles não eram tão práticos quanto os que temos hoje, de papel. _____ primeiros modelos eram feitos de tecido ou de peles de animais. Já _____ babilônios, no ano 3000 a.C., embalavam suas mensagens usando _____ folha muito fina de gesso – que era levada ao forno para endurecer.
>
> Bárbara Soalheiro. *Como fazíamos sem...* São Paulo: Panda Books, 2006.

PARA ESCREVER MELHOR
CRASE

Observe os cartazes e leia o nome dos filmes.

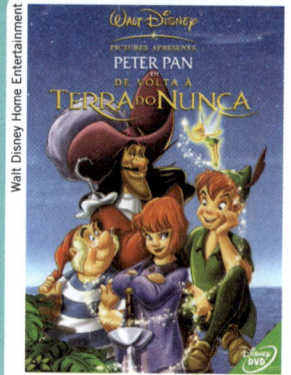

Peter Pan: de volta à Terra do Nunca

Looney Tunes: de volta à ação

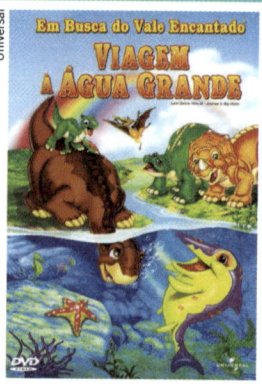

Em busca do Vale Encantado: viagem à Água Grande

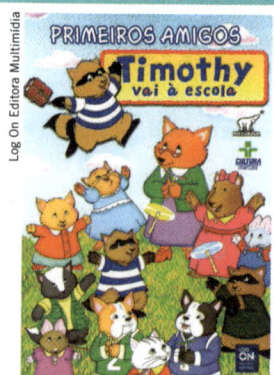

Primeiros amigos: Timothy vai à escola

1. Releia o título de um dos filmes e observe.

   Peter Pan: de volta **à** Terra do Nunca

   quem volta, volta **a** algum lugar ↔ **a** Terra do Nunca

   a + **a** = **à** (**a** com acento grave)

   ◆ Nessa frase, o encontro das duas vogais iguais é indicado:

   ☐ somente pelo uso de apenas uma letra.

   ☐ pelo uso de apenas uma letra e o acréscimo do acento grave (`).

CONCLUA!

A fusão (isto é, a junção) de duas vogais iguais em uma única letra chama-se **crase**.

2. Complete as frases com **à**, **às** ou **ao**.

   a) Peter Pan voltou _____ **praia** para resgatar seus amigos.

   b) Os melhores personagens estão de volta _____ **telas** dos cinemas.

   c) Não queremos ir _____ **cinema** hoje.

   d) Prefiro ir _____ **teatro**.

3. Na atividade anterior, observe as palavras destacadas.

   a) Pinte de azul as palavras femininas e de amarelo as masculinas.

   b) Há ocorrência de crase diante das palavras pintadas de amarelo? _____

   c) A crase ocorre diante de palavras:

   ☐ do gênero masculino.   ☐ do gênero feminino.

4. Leia as frases e circule a ocorrência da crase.

   a) Ouvirei uma contadora de histórias às 17 h 30.

   b) Atividades infantis às 18 horas para a galera de 4 a 10 anos.

   c) A peça teatral começará amanhã, às 11 horas.

   CONCLUA!

   Nas frases da atividade anterior, a crase ocorre diante de:

   ☐ palavras femininas.   ☐ indicações de horas.

5. Leia estas frases e compare as expressões destacadas.

   > **À noite**, é possível ver uma porção de estrelas.

   > **A noite** fica mais bonita com o céu estrelado.

   ◆ Marque um **X** na afirmação correta.

   ☐ As expressões destacadas têm o mesmo sentido.

   ☐ As expressões destacadas não têm o mesmo sentido.

   CONCLUA!

   Nessas frases, o sinal indicativo da crase:

   ☐ mudou o sentido da expressão.   ☐ não mudou o sentido da expressão.

6. Marque com um **X** as frases em que ocorre crase e ponha o acento grave quando for necessário.

   ☐ Ninguém poderia fazer uma viagem ao Sol.

   ☐ Para chegar a praça Castro Alves, vire na próxima esquina.

   ☐ O boiadeiro saiu a cavalo e voltou muito tarde.

   ☐ Somente robôs chegaram a Marte.

   ☐ Mais fácil é ir a praia e voltar.

   ☐ Quem quer viajar a Portugal?

   ◆ Explique a ocorrência da crase nas frases que você assinalou.

   _____

   _____

7. Leia as frases e coloque o acento grave quando necessário.

   a) Lucy Campos conta histórias hoje, na Livraria, as 17 h 30.

   b) Verão com as animações mais divertidas do cinema.

   c) Todas as atividades são gratuitas e rolam das 10 as 18 horas para as crianças de 4 a 10 anos.

   d) Na quarta-feira, as 15 horas, o *Projeto Férias – Vamos brincar como na Ásia* traz os brinquedos típicos dos povos asiáticos.

   e) O treinador Luiz Dias conversa com o público no Centro Cultural amanhã as 11 horas.

8. Complete os provérbios com as palavras do quadro.

   > à frente • à • à tarde

   a) Fruta de manhã é ouro, _____ é prata.

   b) Candeia que vai _____ alumia duas vezes.

   c) Foi _____ feira, perdeu a cadeira.

DIVERTIDAMENTE

Você é o artista!

◆ Crie uma história em quadrinhos (HQ) com personagens e falas.

Atenção: em pelo menos uma das falas deve aparecer uma palavra precedida de **à** ou **às**.

DE OLHO NA LÍNGUA

1. (SAEB – Prova Brasil) Leia o texto.

> ### O galo que logrou a raposa
>
> Um velho galo matreiro, percebendo a aproximação da raposa, empoleirou-se numa árvore. A raposa, desapontada, murmurou consigo: "Deixa estar, seu malandro, que já te curo!...". E em voz alta:
> — Amigo, venho contar uma grande novidade: acabou-se a guerra entre os animais. Lobo e cordeiro, gavião e pinto, onça e veado, raposa e galinhas, todos os bichos andam agora aos beijos como namorados. Desça desse poleiro e venha receber o meu abraço de paz e amor.
> — Muito bem! — exclamou o galo. Não imagina como tal notícia me alegra! Que beleza vai ficar o mundo, limpo de guerras, crueldade e traições! Vou já descer para abraçar a amiga raposa, mas... como lá vêm vindo três cachorros, acho bom esperá-los, para que também eles tomem parte na confraternização.
> Ao ouvir falar em cachorro, dona Raposa não quis saber de histórias, e tratou de pôr-se ao fresco, dizendo:
> — Infelizmente, amigo Co-ri-có-có, tenho pressa e não posso esperar pelos amigos cães. Fica para outra vez a festa, sim? Até logo.
> E raspou-se.
>
> Contra esperteza, esperteza e meia.
>
> LOBATO, José Bento Monteiro. O galo que logrou a raposa. *Fábulas*. 17. ed. São Paulo: Brasiliense, 1985. p. 9.

♦ Quando o galo disse à raposa para esperar pelos cães para a confraternização, ele demonstrou:

a) ☐ esperteza.
b) ☐ confiança.
c) ☐ medo.
d) ☐ raiva.

2. (Saresp) O sentido do enunciado não se altera se, em "Mas **há** cada vez mais gases na atmosfera", substituirmos o termo destacado por:

a) ☐ existe.
b) ☐ existem.
c) ☐ existiu.
d) ☐ existiram.

3. (Proeb – Minas Gerais) Leia o texto abaixo.

DENGUE MATA
Se a gente bobear, ela volta.

É hora de esquentar a briga contra o mosquito.

Prefeitura de Belo Horizonte

◆ Na frase "É hora de **esquentar** a briga contra o mosquito", a palavra destacada significa:

a) ☐ dividir.

b) ☐ pôr fogo.

c) ☐ aumentar.

d) ☐ pôr medo.

4. (Saers – Sistema de Avaliação do Rio Grande do Sul). Leia o texto abaixo.

ALÔ! POR FAVOR EU PODERIA FALAR COM ALEX?

É O PRÓPRIO!

OLÁ, PRÓPRIO, VOCÊ PODE CHAMAR O ALEX?

Fred Wagner

◆ Essa história é engraçada porque o leão:

☐ é maltratado ao fazer a pergunta.

☐ utiliza o telefone para conversar.

☐ confunde as vozes das pessoas.

☐ acha que "próprio" é nome de alguém.

14 ADJETIVO

Observe as imagens, leia as palavras e os balões de fala deste pôster.

Linguagem dos gatos

INTERESSADO	AMIGÁVEL (oi!)	ATENTO	RELAXADO
CONFIANTE (oi! / Este não é um pedido para você coçar minha barriga.)	AMIGÁVEL, RELAXADO (pisca)	CONTENTE	CAUTELOSO (orelhas de radar)
BRINCALHÃO	ANIMADO (scratch scratch / Você está em casa!!!)	"ISTO É MEU" (perfurme marcante)	ANSIOSO
PREDADOR	PREOCUPADO	ASSUSTADO (Onde me escondo?)	AMEAÇADO (Vá embora!)
ATERRORIZADO	SUPERATERRORIZADO	IRRITADO	ENOJADO (Uh! Meu fígado não filtra essas toxinas!)

© Lili Chin

Cauteloso: prudente, cuidadoso.

1. O pôster tem como finalidade principal:

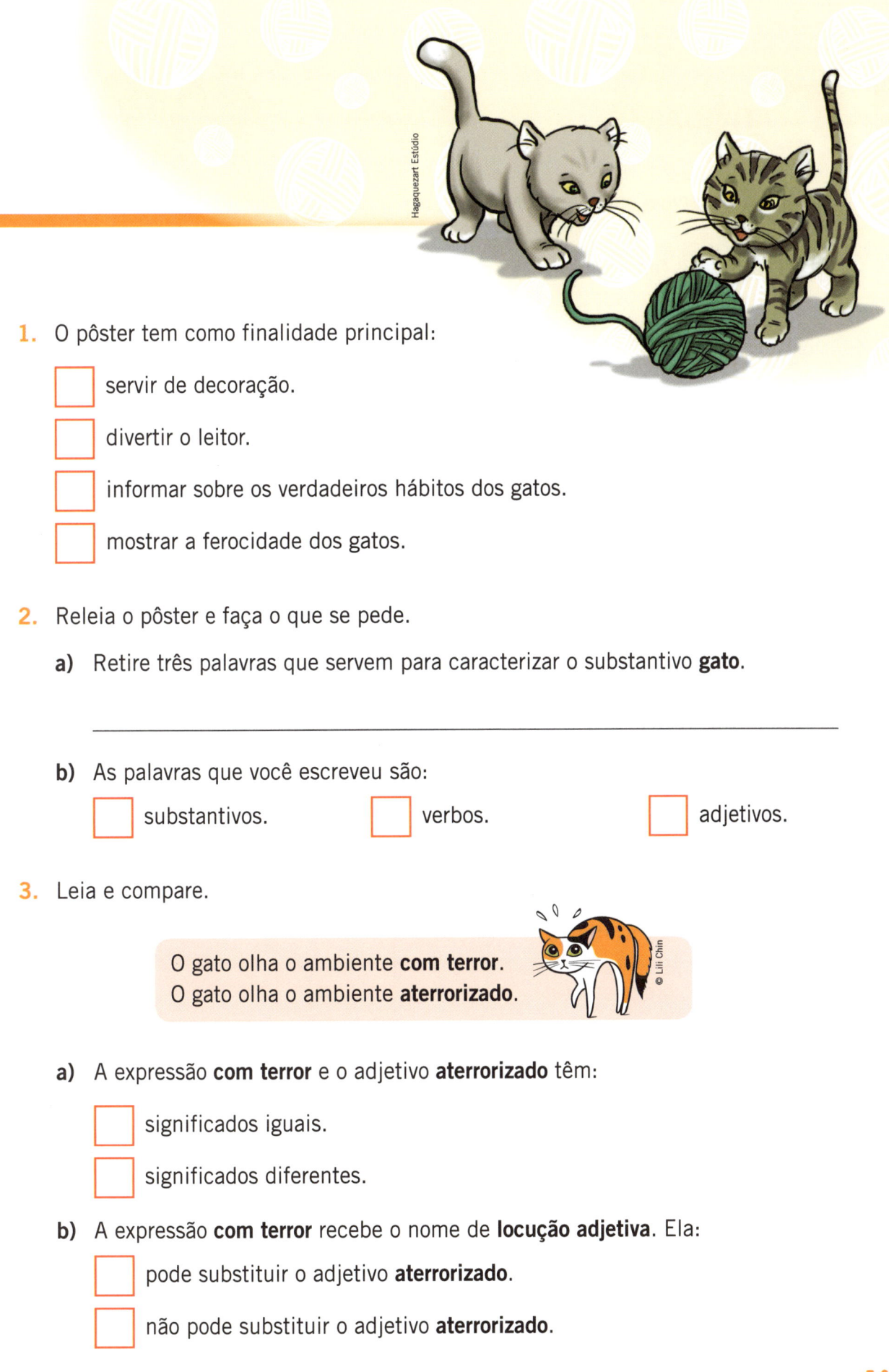

    ☐ servir de decoração.

    ☐ divertir o leitor.

    ☐ informar sobre os verdadeiros hábitos dos gatos.

    ☐ mostrar a ferocidade dos gatos.

2. Releia o pôster e faça o que se pede.

    a) Retire três palavras que servem para caracterizar o substantivo **gato**.

    _____

    b) As palavras que você escreveu são:

    ☐ substantivos.   ☐ verbos.   ☐ adjetivos.

3. Leia e compare.

    > O gato olha o ambiente **com terror**.
    > O gato olha o ambiente **aterrorizado**.

    a) A expressão **com terror** e o adjetivo **aterrorizado** têm:

    ☐ significados iguais.

    ☐ significados diferentes.

    b) A expressão **com terror** recebe o nome de **locução adjetiva**. Ela:

    ☐ pode substituir o adjetivo **aterrorizado**.

    ☐ não pode substituir o adjetivo **aterrorizado**.

ATIVIDADES

1. Agora, observe o adjetivo destacado.

> O gato mais famoso das HQs é o Garfield, criado pelo **estadunidense** Jim Davis.

◆ A palavra **estadunidense** é um **adjetivo pátrio** porque:

☐ indica uma característica do criador de Garfield.

☐ indica o local de origem do autor Jim Davis.

As palavras que caracterizam o substantivo, indicando aparência, qualidade ou modo de ser são chamadas **adjetivos**.
◆ As **locuções adjetivas** são expressões que têm valor de adjetivos e podem ser substituídas por eles.
◆ Os **adjetivos pátrios** se referem a países, estados, regiões, cidades, indicando local de origem.

---

2. Quais destes adjetivos se aplicam a você? Marque com um **X** as respostas adequadas.

Você é:	muito	um pouco	não
tímido(a)?			
extrovertido(a)?			
preguiçoso(a)?			
estudioso(a)?			
caprichoso(a)?			
desleixado(a)?			

◆ Escolha um dos adjetivos do quadro e escreva uma frase com ele.

_____

_____

3. Escreva as frases substituindo as locuções adjetivas destacadas pelo adjetivo correspondente.

   a) Gatos não parecem animais **sem organização**.

   _____

   _____

   b) Existem gatos de rabo **com pelo** e gatos de rabo **sem pelo**.

   _____

   _____

4. Complete as frases com os adjetivos correspondentes às locuções adjetivas entre parênteses.

   a) Moramos em uma rua _____ e _____.
   (com árvores – com asfalto)

   b) O dia hoje está _____ e _____.
   (com chuva – com nuvens)

   c) Nossa rua está _____ e _____.
   (sem cuidado – com buracos)

5. Leia o texto e pinte as palavras de acordo com o código.

   ■ adjetivos

   ■ locuções adjetivas

   ■ adjetivos pátrios

   > As bolas de gude são bonitas e coloridas. Quase todas são translúcidas e algumas têm desenhos internos. Algumas são de vidro e outras são de mármore. Arqueólogos já encontraram bolinhas de pedra e de argila nos túmulos de faraós egípcios e entre artefatos de indígenas americanos. Provavelmente eram usadas da mesma maneira como as crianças jogam atualmente.

PARA ESCREVER MELHOR
MAL E MAU, MAIS E MAS

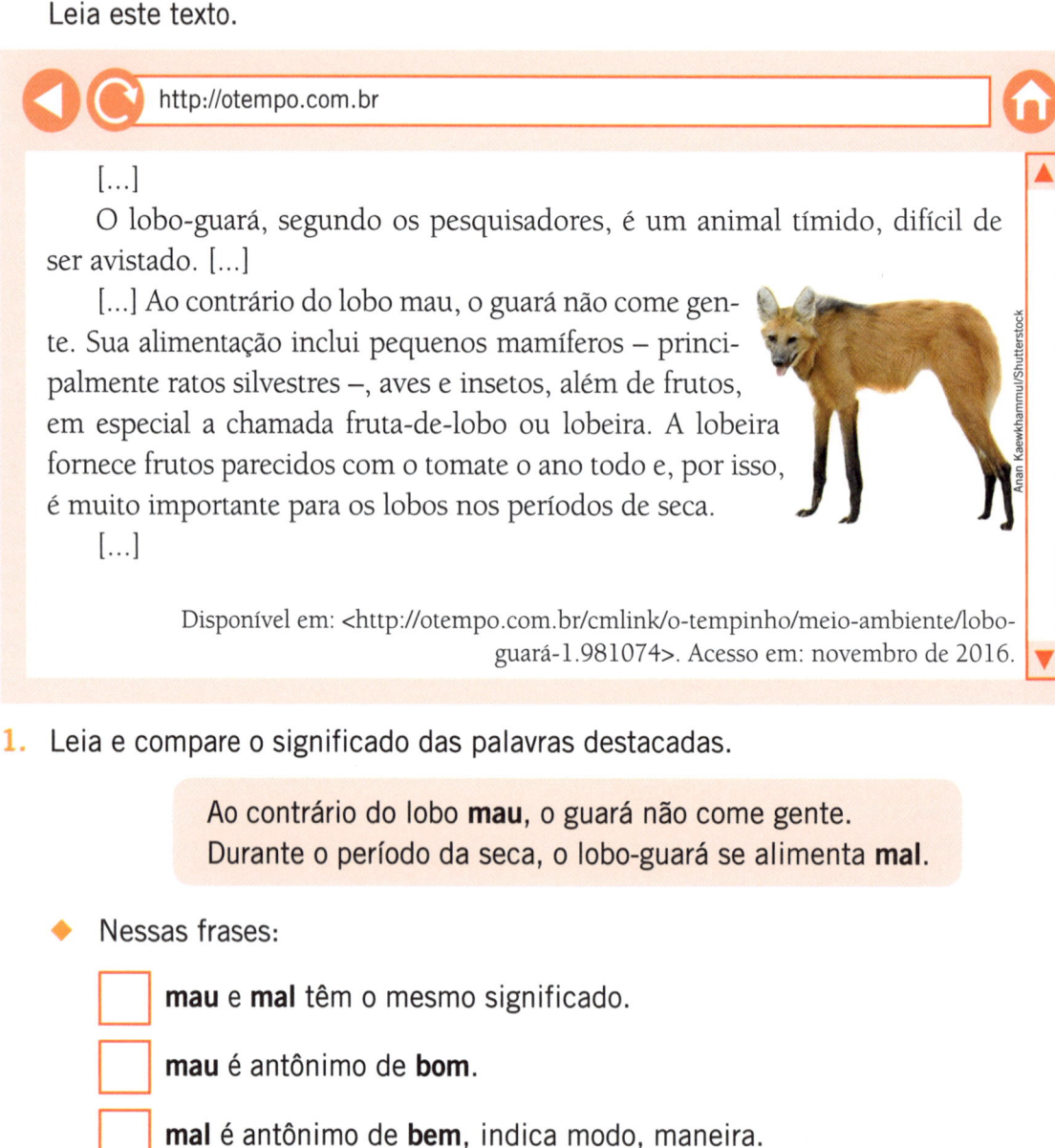

Leia este texto.

http://otempo.com.br

[...]
O lobo-guará, segundo os pesquisadores, é um animal tímido, difícil de ser avistado. [...]

[...] Ao contrário do lobo mau, o guará não come gente. Sua alimentação inclui pequenos mamíferos – principalmente ratos silvestres –, aves e insetos, além de frutos, em especial a chamada fruta-de-lobo ou lobeira. A lobeira fornece frutos parecidos com o tomate o ano todo e, por isso, é muito importante para os lobos nos períodos de seca.
[...]

Disponível em: <http://otempo.com.br/cmlink/o-tempinho/meio-ambiente/lobo-guará-1.981074>. Acesso em: novembro de 2016.

1. Leia e compare o significado das palavras destacadas.

   > Ao contrário do lobo **mau**, o guará não come gente.
   > Durante o período da seca, o lobo-guará se alimenta **mal**.

   ◆ Nessas frases:

   ☐ **mau** e **mal** têm o mesmo significado.

   ☐ **mau** é antônimo de **bom**.

   ☐ **mal** é antônimo de **bem**, indica modo, maneira.

2. Agora, compare o significado das palavras destacadas nestas frases.

   > É importante saber **mais** sobre os hábitos dos animais silvestres.
   > O lobo-guará parece feroz, **mas** é um animal tímido.

   ◆ Escreva **1** para o significado de **mais** e **2** para o significado de **mas**.

   ☐ Indica quantidade, intensidade, aumento.

   ☐ Indica ideia contrária, oposição.

3. Reescreva as frases, substituindo as palavras destacadas por **mau** ou **mal**. Quando necessário, use as palavras no plural.

   a) Nas histórias para crianças, o lobo é sempre **bom**.

   _____

   b) Nos contos de fadas, nem sempre os bruxos são **bons**.

   _____

   c) Pinóquio se comportou **bem**.

   _____

4. Complete o texto com as palavras **mau** ou **mal**.

O frevo e o samba são dois ritmos bem brasileiros.

Nem sempre um _____ dançarino de frevo é um _____ sambista. Muitas pessoas dançam _____ o frevo, mas são boas em outros ritmos.

Um passo _____ dado no frevo pode levar o dançarino ao chão.

5. Agora, complete as frases do texto seguinte com **mais** ou **mas**.

Por muito tempo, a capoeira foi considerada uma atividade perigosa, _____ atualmente é ensinada em muitas escolas. Cada dia _____ as crianças se interessam por ela. É considerada uma luta, _____ exige também muita harmonia de movimentos.

♦ Responda:

   a) Nos trechos em que você completou com **mas**, essa palavra indica:

   ☐ aumento de quantidade ou intensidade.

   ☐ ideia contrária, oposição.

   b) No trecho em que você completou com **mais**, essa palavra indica:

   ☐ aumento de quantidade ou intensidade.

   ☐ ideia contrária, oposição.

DIVERTIDAMENTE

Eu sou do estado... eu sou...

◆ Siga a trilha dos estados brasileiros, observe as bandeiras e complete as placas com os adjetivos pátrios que estão faltando.

Pista: os estados estão em ordem alfabética!

Bandeiras: Shutterstock

Eu sou do Acre.
Eu sou acriano.

Eu sou de Alagoas.
Eu sou alagoano.

Eu sou do Amapá.
Eu sou amapaense.

Eu sou do Amazonas.
Eu sou amazonense.

Eu sou da Bahia.
Eu sou baiano.

Eu sou do Ceará.
Eu sou _____.

Eu sou do Espírito Santo.
Eu sou _____.

Eu sou de Goiás.
Eu sou goiano.

Eu sou do Maranhão.
Eu sou maranhense.

Eu sou do Mato Grosso.
Eu sou _____.

Eu sou do Mato Grosso do Sul.
Eu sou _____.

Eu sou de Minas Gerais.
Eu sou _____.

152

Eu sou do Pará.
Eu sou _____.

Eu sou da Paraíba.
Eu sou paraibano.

Eu sou do Paraná.
Eu sou paranaense.

Eu sou de Pernambuco.
Eu sou pernambucano.

Eu sou do Piauí.
Eu sou _____.

Eu sou do Rio de Janeiro.
Eu sou _____.

Eu sou do Rio Grande do Norte.
Eu sou potiguar.

Eu sou do Rio Grande do Sul.
Eu sou _____.

Eu sou de Rondônia.
Eu sou _____.

Eu sou de Roraima.
Eu sou _____.

Eu sou de Santa Catarina.
Eu sou _____.

Eu sou do Tocantins.
Eu sou _____.

Eu sou de São Paulo.
Eu sou paulista.

Eu sou de Sergipe.
Eu sou _____.

15 GRAU DO ADJETIVO

Você sabe qual dos planetas fica mais próximo do Sol?
Veja na figura os planetas que fazem parte do Sistema Solar e leia o texto.

> Vênus é o segundo planeta mais próximo do Sol e o planeta mais próximo da Terra. [...]
>
> No seu período de maior brilho, para um observador na Terra, Vênus é o objeto mais luminoso no céu, apenas ultrapassado pelo Sol e pela Lua.
>
> [...] Hoje sabemos que, apesar de ter tido origens muito semelhantes à Terra, a sua maior proximidade ao Sol levou a que o planeta desenvolvesse um clima extremamente hostil à vida. De fato, Vênus é o planeta mais quente do Sistema Solar, sendo mesmo mais quente do que Mercúrio, que está mais próximo do Sol. A sua temperatura média na superfície é de 460 °C devido ao forte efeito estufa que acontece em grande escala em todo o planeta.
>
> [...]
>
> Disponível em: <http://cftc.cii.fc.ul.pt/PRISMA/capitulos/capitulo1/modulo6/topico2.php>.
> Acesso em: novembro de 2016. Adaptado.

1. A finalidade desse texto é:

   ☐ dar informações sobre o Sistema Solar.

   ☐ relatar o que acontece no planeta Vênus.

   ☐ informar sobre as condições climáticas do planeta Vênus.

   ☐ comparar a Terra com Vênus.

2. Releia esta frase retirada do texto.

> Vênus é [...] **mais** quente **do que** Mercúrio [...].

a) Nessa frase, temos um comparativo de:

☐ igualdade. ☐ inferioridade.

☐ superioridade.

b) Agora, observe estas outras comparações entre os dois planetas.

> Mercúrio é **menos** quente **do que** Vênus.
> Vênus está **quase** tão próximo do Sol **quanto** Mercúrio.

◆ Complete.

Nessas frases, temos comparativo de _____ e de

_____.

3. Existem outras formas de expressar as características de um ser em comparação com outros. Releia o trecho abaixo.

> De fato, Vênus é **o** planeta **mais quente** do Sistema Solar [...].
> ↓
> grau superlativo

a) Nessa frase, a expressão **o mais quente** significa:

☐ a superioridade máxima de Vênus quanto à sua temperatura em relação aos outros planetas do Sistema Solar.

☐ a superioridade máxima de Vênus quanto à sua temperatura em relação a um dos planetas do Sistema Solar.

b) Marque com um **X** as frases em que ocorre o significado que você assinalou na alternativa anterior.

☐ Vênus não é tão quente. ☐ Vênus é quentíssimo.

☐ Vênus é extremamente quente. ☐ Vênus é superquente.

4. Quando a característica aparece em seu grau máximo, dizemos que o adjetivo está no **grau superlativo**.

   a) Em "Vênus é **extremamente quente**", formamos o superlativo com:

   ☐ o auxílio de outra palavra.

   ☐ o auxílio do sufixo **-íssimo**.

   ☐ o auxílio de um prefixo.

   b) Em "Vênus é **quentíssimo**", formamos o superlativo com:

   ☐ o auxílio de outra palavra.

   ☐ o auxílio do sufixo **-íssimo**.

   ☐ o auxílio de um prefixo.

   c) Em "Vênus é **superquente**", formamos o superlativo com:

   ☐ o auxílio de outra palavra.

   ☐ o auxílio do sufixo **-íssimo**.

   ☐ o auxílio de um prefixo.

Graus do adjetivo

1. **Grau comparativo:**
   a) **de superioridade:** indica a qualidade em um grau maior em um dos seres, objetos ou lugares comparados.
   b) **de inferioridade:** indica a qualidade em um grau menor em um dos seres, objetos ou lugares comparados.
   c) **de igualdade:** indica a qualidade em grau igual nos dois seres, objetos ou lugares comparados.
2. **Grau superlativo:** indica o grau máximo da característica de um ser, objeto ou lugar.

ATIVIDADES

1. Leia a frase a seguir.

   > Vênus é um objeto luminoso no céu.

   ◆ A partir dessa frase, crie outras de acordo com o que se pede.

   a) Frase com grau superlativo com sufixo.

   _____

   _____

   b) Frase com grau superlativo com auxílio de outra palavra.

   _____

   _____

   c) Frase com grau superlativo com auxílio de um prefixo.

   _____

2. Escreva frases sobre estes planetas, usando o superlativo dos adjetivos que os caracterizam.

   a) Netuno – frio

   _____

   b) Júpiter – gigantesco

   _____

   c) Mercúrio – próximo do Sol

   _____

3. Leia as frases e circule as formas do superlativo.

   a) A girafa é o animal mais alto do mundo. Ela é superalta.

   b) O elefante é um animal muito pesado. Ele é bastante pesado.

   c) O esquilo é muito pequeno, bem pequenininho.

PARA ESCREVER MELHOR
MELHOR/PIOR, MENOR/MAIOR

Leia a tirinha.

Disponível: <http://www2.uol.com.br/laerte/tiras/gatos/tira51.gif>.
Acesso em: novembro de 2016.

1. Leia estas frases.

   a) Júpiter, o maior planeta.

   Maior é o grau comparativo de superioridade do adjetivo:

   ☐ pequeno. ☐ grande.
   ☐ bom. ☐ mau.

   b) A Terra é menor do que Júpiter.

   Menor é o grau comparativo de superioridade do adjetivo:

   ☐ pequeno. ☐ grande.
   ☐ bom. ☐ mau.

   c) É melhor observar as estrelas no campo do que na cidade.

   Melhor é o grau comparativo de superioridade do adjetivo:

   ☐ pequeno. ☐ grande.
   ☐ bom. ☐ mau.

   d) Pior observar o céu em cidades grandes do que em cidades pequenas.

   Pior é o grau comparativo de superioridade do adjetivo:

   ☐ pequeno. ☐ grande.
   ☐ bom. ☐ mau.

2. As palavras destacadas nas frases abaixo expressam o superlativo de alguns adjetivos. Ligue cada frase ao adjetivo correspondente.

Temos uma vida **ótima** na Terra.   bom

Visitar Vênus é uma **péssima** ideia.   grande

Cientistas têm o **máximo** cuidado
nas viagens interplanetárias.   mau

O detetive não tinha a **mínima** pista no caso.   pequeno

3. Complete as frases com o superlativo dos adjetivos destacados.

   a) Hoje o tempo está **bom**. Acho que o dia será _____.

   b) Ele fez um **mau** trabalho. Sua nota de avaliação será _____.

   c) O buraco da fechadura é muito **pequeno**. Pegue a _____ chave.

   d) Parti o bolo em pedaços **grandes** e dei o _____ para a minha avó.

4. Leia o texto e pinte os adjetivos no grau superlativo.

   > Quem é que precisa de um quintal cheio de velharias como o meu, quando se tem uma piscina linda e azul; quadras enoooormes de peteca, vôlei, futebol; sauna e um parquinho megadivertido à disposição? É... tartaruga não combina mesmo com aquele lugar. Se bem que Outra Coisa [minha tartaruga] ficaria superfeliz de nadar naquela piscinona azul...
   >
   > Pedro Antônio de Oliveira. *Metade é verdade, o resto é invenção*.
   > São Paulo: Formato, 2014.

   a) Os adjetivos que você pintou formam o grau superlativo:

   ☐ com sufixo.   ☐ com prefixo.

   ☐ com auxílio de outra palavra.

   b) A palavra **piscinona**:

   ☐ é um adjetivo e está no grau superlativo.

   ☐ é um substantivo e está no grau aumentativo.

DIVERTIDAMENTE

◆ Observe a dupla de imagens e escreva uma frase usando adjetivo no grau comparativo.

avião   trem

_____

leão   zebra

_____

Chalés nos Alpes, em Haute Savoie, França.   Praia de Jatiúca, Maceió, estado de Alagoas.

REVISÃO

1. Complete com os artigos adequados.

Anos 60

Você vai conhecer tudo sobre _____ Rhodia, _____ indústria química francesa que produz fios sintéticos com _____ exposição Arte na Moda: Coleção Masp Rhodia, que conta com _____ coleção de 79 peças criadas a partir da colaboração entre artistas e estilistas na década de 1960.

Disponível em: <http://recreio.uol.com.br/noticias/noticias/programacao-do-masp-para-as-ferias.phtml#.Vr4NArQrKik>. Acesso em: novembro de 2016.

2. Complete as frases, usando ou não o acento grave para indicar a crase.

   a) Assisto _____ aulas todos os dias.

   b) Faz 40 anos que o ser humano chegou _____ Lua.

   c) Quem quer ir _____ cinema hoje?

3. Complete com **mais** ou **mas**.

   a) Muitas pessoas foram à festa de Natália, _____ os doces foram suficientes.

   b) Maíra é _____ alta que todos da turma.

   c) Mirian queria ir ao teatro, _____ estava com muito sono.

4. Complete com **mau** ou **mal**.

   a) O time teve um _____ resultado no jogo de futebol.

   b) Viviane se comportou muito _____ na festa.

   c) Não é um _____ filme, mas é muito demorado.

5. Complete com o comparativo de igualdade do adjetivo entre parênteses.

   a) Seus olhos são _____ como as águas do mar. (verde)

   b) Minha mãe é _____ como uma leoa. (corajoso)

   c) Este carro é _____ como um leopardo. (veloz)

16 PRONOMES

Amazônia

Caco e mister David se perdem na selva amazônica e acabam conhecendo de perto os conflitos entre indígenas e garimpeiros.

Caco, garoto tímido criado por religiosas num orfanato em Minas Gerais; David, seu padrinho norte-americano que vem visitá-lo no Brasil. Pessoas aparentemente com poucas afinidades, mas que, por um desses mistérios da vida, acabam encontrando algo que os une.

Perdidos na selva depois de uma tempestade, Caco e *mister* David são obrigados a percorrer as trilhas incertas traçadas pela floresta.

A convivência transforma a relação distante que há entre eles em amor entre pai e filho.

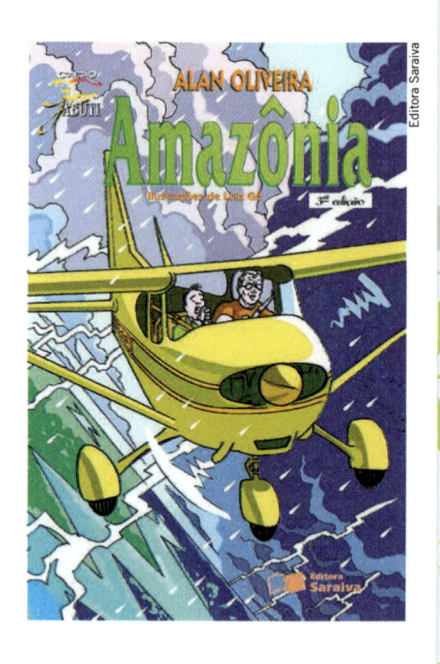

Amazônia. Disponível em: <http://www.editorasaraiva.com.br/produto/infantil-e-juvenil/literatura-juvenil/amazonia/>. Acesso em: novembro de 2016.

1. A finalidade desse texto é:

    ☐ contar uma história.

    ☐ narrar o que acontece na história.

    ☐ descrever as aventuras das personagens.

    ☐ resumir a história e instigar o leitor a ler o livro.

2. Releia este trecho.

> Pessoas aparentemente com poucas afinidades, mas que, por um desses mistérios da vida, acabam encontrando algo que **os** une. [...]
>
> A convivência transforma a relação distante que há entre **eles** em amor entre pai e filho.

a) Em **algo que os une**, a palavra **os** refere-se a:

☐ Caco, o garoto.

☐ Caco e David, seu padrinho.

☐ os mistérios.

b) Em **que há entre eles**, a palavra **eles** refere-se a:

☐ mistérios da vida.

☐ pessoas.

☐ Caco e David, seu padrinho.

c) As palavras **os** e **eles** referem-se:

☐ a outras palavras do texto.

☐ a nenhuma outra palavra ou palavras do texto.

d) As palavras **os** e **eles** são:

☐ artigos.   ☐ adjetivos.   ☐ pronomes.

> As palavras que se referem a outras que já foram mencionadas anteriormente e são usadas para indicar a pessoa que fala, a pessoa com quem se fala ou a pessoa ou coisa de quem ou de que se fala recebem o nome de **pronomes pessoais**.

Veja o quadro dos pronomes pessoais.

Pronomes pessoais			
		Retos	Oblíquos
Singular	1ª pessoa 2ª pessoa 3ª pessoa	eu tu ele, ela	me, mim, comigo te, ti, contigo se, si, consigo, o, a, lhe
Plural	1ª pessoa 2ª pessoa 3ª pessoa	nós vós eles, elas	nos, nós, conosco vos, vós, convosco se, si, consigo, os, as, lhes

3. Releia a frase do texto e observe a expressão destacada.

> Caco, garoto tímido criado por religiosas num orfanato em Minas Gerais; David, **seu padrinho** norte-americano que vem visitá-lo no Brasil. Pessoas aparentemente com poucas afinidades [...].

a) A palavra **seu**, que acompanha o substantivo destacado, é também um pronome. A quem ela se refere? _____

b) Pronomes como **seu**, **sua**, **meu**, **minha**, **nosso** indicam:

☐ origem.   ☐ posse.   ☐ companhia.

Os pronomes que acompanham o substantivo, indicando posse, recebem o nome de **pronomes possessivos**.

Veja o quadro dos pronomes possessivos.

Pronomes possessivos	
1ª pessoa (eu/nós)	meu, minha, meus, minhas nosso, nossa, nossos, nossas
2ª pessoa (tu/vós)	teu, tua, teus, tuas vosso, vossa, vossos, vossas
3ª pessoa (ele, ela/ eles, elas)	seu, sua, seus, suas seu, sua, seus, suas

ATIVIDADES

1. Leia este trecho de um texto e observe a palavra destacada.

   ### Floresta Amazônica

   É uma floresta tropical fechada [...] O solo dessa floresta não é muito rico, pois possui apenas uma fina camada de nutrientes. **Esta** é formada pela decomposição de folhas, frutos e animais mortos.

   Floresta Amazônica. Disponível em: <http://www.suapesquisa.com/geografia/floresta_amazonica.htm>. Acesso em: novembro de 2016.

   a) A quem se refere a palavra **esta** nesse trecho?

   _____

   b) A palavra **esta** também é um pronome, chamado pronome **demonstrativo**, que se refere:

   ☐ a outras palavras do texto.

   ☐ a nenhuma outra palavra ou palavras do texto.

Os pronomes demonstrativos substituem ou acompanham um substantivo. Eles podem:

a) se referir a uma palavra ou a palavras já mencionadas no texto.

b) indicar a posição que um ser ocupa no espaço em relação a quem fala (1ª pessoa), a quem ouve (2ª pessoa) ou de que ou quem se fala (3ª pessoa).

Veja o quadro dos pronomes demonstrativos.

Pronomes demonstrativos	
1ª pessoa	este, esta, isto, estes, estas
2ª pessoa	esse, essa, isso, esses, essas
3ª pessoa	aquele, aquela, aquilo, aqueles, aquelas

Em textos, use o pronome **este(s)**, **esta(s)** ou **isto** quando **for falar** sobre algo ou alguém. E use o pronome **esse(s)**, **essa(s)** ou **isso** quando **já tiver falado** sobre algo ou alguém.

2. Leia esta tirinha.

Disponível em: <www.laerte.com.br>. Acesso em: outubro de 2016.

a) No segundo quadrinho há um pronome pessoal. Qual?

_____

b) No terceiro quadrinho há uma expressão que substitui um pronome. Que expressão é essa?

_____

c) Qual é o pronome que pode ser usado no lugar dessa expressão?

_____

3. Complete cada espaço com um dos pronomes demonstrativos entre parênteses.

a) _____ chocolate que está com você é de nozes, mas _____ que eu trouxe é ao leite. (este – esse)

b) A humanidade come salsicha faz mais de 3 000 anos. Quem será que inventou _____ alimento? (este – esse)

c) A salsicha é uma especialidade alemã. Foi um imigrante que levou _____ novidade para os Estados Unidos. (esta – essa)

d) O que é _____ na sua mão? (isto – isso)

e) _____ é para você: abra a caixa e veja se gosta. (isto – isso)

f) Não mexa com álcool perto do fogo. _____ pode causar acidentes. (isto – isso)

4. Ligue as colunas. Observe o exemplo.

encontrar o lápis ——————— encontrá-lo

comprar sapatos   compartilhá-las

enviar a carta   comprá-los

compartilhar as alegrias   pagá-lo

pagar o lanche   enviá-la

a) As formas **lo**, **la**, **los**, **las** equivalem aos pronomes oblíquos:

☐ o, a, os, as.   ☐ ele, ela, eles, elas.

b) Os verbos que vêm antes das formas **lo**, **la**, **los**, **las** perderam:

☐ as duas últimas letras. ☐ nenhuma letra. ☐ a letra **r**.

CONCLUA!

Quando os verbos terminados com a letra ____ forem seguidos dos pronomes ____, ____, ____, ____, perdem a letra ____ e os pronomes modificam-se para ____, ____, ____, ____.

5. Complete as frases, substituindo cada expressão entre parênteses pelo pronome pessoal oblíquo. Veja o exemplo.

   a) A exploração predatória de madeira traz riscos ao meio ambiente.
   É importante **explorá-la** de maneira legal. (explorar **a madeira**)

   b) Desmatar a região amazônica para a produção de carne é ilegal.

   _____ (Desmatar **a região amazônica**) traz riscos à sustentabilidade e ao ecossistema.

   c) Em algumas árvores amazônicas, é possível encontrar orquídeas e bromélias.

   _____ (Encontrar **orquídeas e bromélias**) nas árvores é sinal de mutualismo entre as espécies.

6. Nas frases da atividade 5, a troca do substantivo pelo pronome foi feita para:

☐ evitar repetições desnecessárias. ☐ melhorar a organização da frase.

PARA ESCREVER MELHOR
ORTOGRAFIA: GE E GI, JE E JI, SE E SI, CE E CI, LH E LI

1. Ordene as sílabas do álbum por cores e forme palavras.

ÁLBUM DE PALAVRAS

bu	ra	gen	to
sar	en	ges	
to	men	ju	
jé	pa		
to	je	ob	
e	ro	xa	ge

_____
_____
_____
_____
_____
_____

◆ Nessas palavras, as letras **g** e **j** representam o som:

☐ /gue/.   ☐ /ga/.   ☐ /je/.

2. Leia em voz alta os grupos de palavras e observe as letras destacadas.

Grupo 1	Grupo 2	Grupo 3	
mar**g**em	**j**eito	via**j**ar	**j**iboia
reló**g**io	**g**ema	arran**j**o	**j**uventude

a) Qual é o som representado pelas letras **j** e **g** nessas palavras?

_____

b) Observe as palavras escritas com a letra **g**. Quais são as vogais que aparecem depois dela?

_____

c) Agora, observe as palavras escritas com a letra **j**. Quais são as vogais que aparecem depois dela?

_____

CONCLUA!

Para representar o som /je/, após **g** e **j** utilizamos, respectivamente,
_____.

3. Compare as sílabas destacadas nestas palavras.

cedo • **se**meava • **si**nal • va**ci**na

a) Nessas palavras, o som que representa as letras **s** e **c**:

☐ é o mesmo.

☐ é diferente.

b) Marque com um **X** o grupo de palavras em que as letras **s** e **c** representam o mesmo som das palavras acima.

☐ cebola, casulo, cinto, casebre

☐ cebola, macio, semente, sinaleira

☐ cebola, casamento, comida, tesouro

4. Leia as palavras do quadro.

bicicleta • Ceará • cidade • meiguice • morcego
saci • sensacional • velocidade

◆ Nessas palavras aparecem as sílabas:

☐ ce, ci, si.

☐ ce, se, si.

☐ ce, ci.

☐ se, si.

5. Descubra as respostas das adivinhas.

Pista: elas estão representadas nas imagens.

Grupo 1

Tem cabeça e não é gente, não tem boca, mas tem dente.

_____

O que é que, se tem cabeça, não tem olho; se tem olho, não tem cabeça?

_____

Grupo 2

Duas irmãs no nome, desiguais no parecer. Uma serve para trabalhar e outra, para comer.

_____

Animal que não vale mais nada.

_____

◆ Agora, escreva o que se pede.

a) No **Grupo 1**, as respostas são escritas com _____.

b) No **Grupo 2**, as respostas são escritas com _____.

DIVERTIDAMENTE

O diminutivo é...?

◆ Complete a cruzadinha com o diminutivo do nome das imagens representadas.

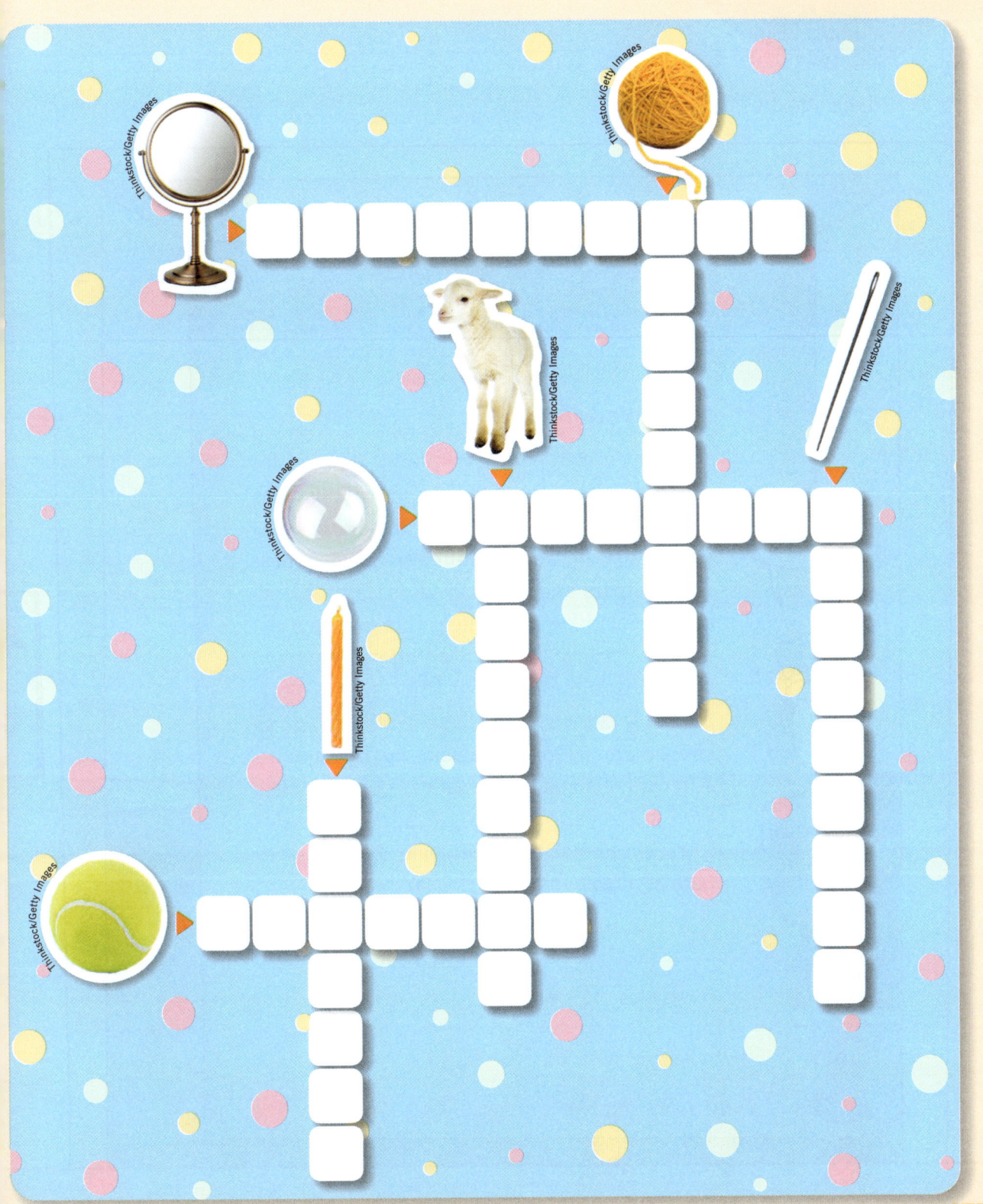

17 NUMERAIS

Leia o texto.

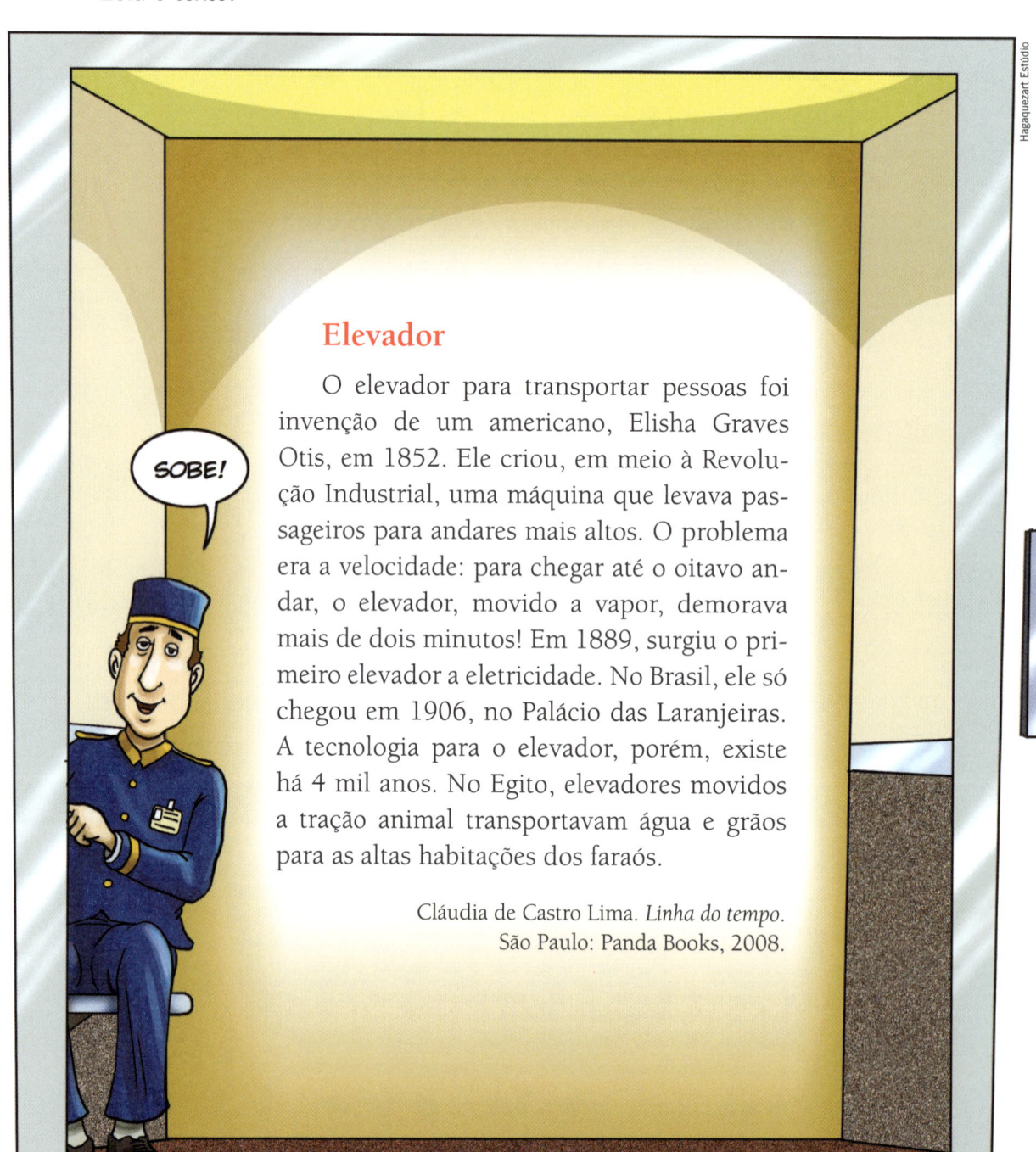

Elevador

O elevador para transportar pessoas foi invenção de um americano, Elisha Graves Otis, em 1852. Ele criou, em meio à Revolução Industrial, uma máquina que levava passageiros para andares mais altos. O problema era a velocidade: para chegar até o oitavo andar, o elevador, movido a vapor, demorava mais de dois minutos! Em 1889, surgiu o primeiro elevador a eletricidade. No Brasil, ele só chegou em 1906, no Palácio das Laranjeiras. A tecnologia para o elevador, porém, existe há 4 mil anos. No Egito, elevadores movidos a tração animal transportavam água e grãos para as altas habitações dos faraós.

Cláudia de Castro Lima. *Linha do tempo*.
São Paulo: Panda Books, 2008.

SOBE!

1. Qual é a finalidade desse texto?

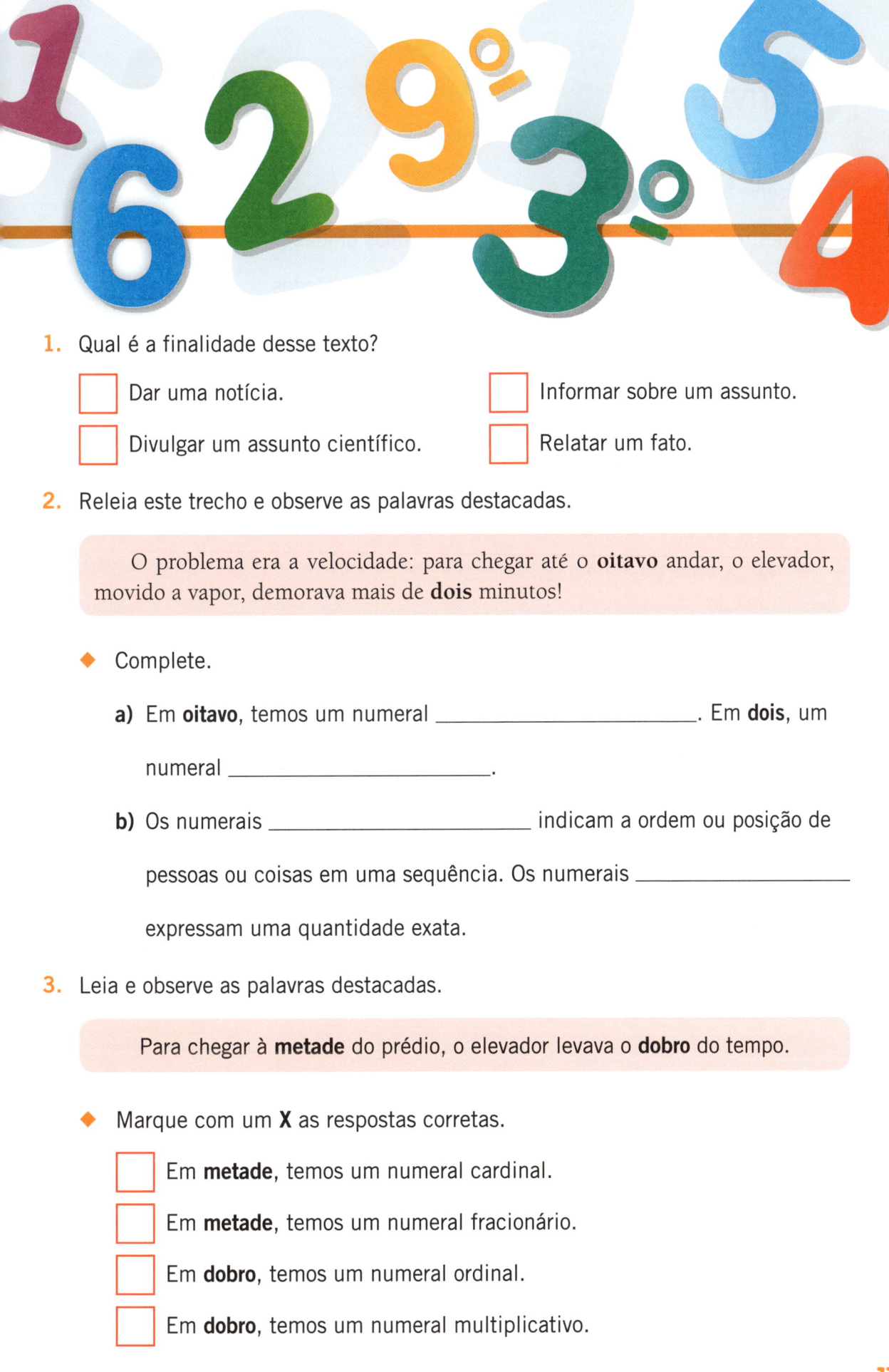

   ☐ Dar uma notícia. ☐ Informar sobre um assunto.

   ☐ Divulgar um assunto científico. ☐ Relatar um fato.

2. Releia este trecho e observe as palavras destacadas.

   > O problema era a velocidade: para chegar até o **oitavo** andar, o elevador, movido a vapor, demorava mais de **dois** minutos!

   ◆ Complete.

   a) Em **oitavo**, temos um numeral _____. Em **dois**, um numeral _____.

   b) Os numerais _____ indicam a ordem ou posição de pessoas ou coisas em uma sequência. Os numerais _____ expressam uma quantidade exata.

3. Leia e observe as palavras destacadas.

   > Para chegar à **metade** do prédio, o elevador levava o **dobro** do tempo.

   ◆ Marque com um **X** as respostas corretas.

   ☐ Em **metade**, temos um numeral cardinal.

   ☐ Em **metade**, temos um numeral fracionário.

   ☐ Em **dobro**, temos um numeral ordinal.

   ☐ Em **dobro**, temos um numeral multiplicativo.

ATIVIDADES

1. Observe as colunas. Ligue as palavras ao que elas indicam.

   bimestre   duas unidades

   centena   doze unidades

   década   dois meses

   dúzia   cem unidades

   milênio   dez anos

   par   cem anos

   século   mil anos

   ♦ As palavras da coluna da esquerda podem ser consideradas numerais, pois indicam:

   ☐ uma quantidade imprecisa.

   ☐ uma quantidade exata.

   Veja exemplos de outros numerais.

trimestre	três meses
semestre	seis meses
dezena	dez unidades
século	cem anos

2. Leia as frases e circule os numerais. Depois, classifique-os em **cardinal**, **ordinal**, **multiplicativo** ou **fracionário**.

   a) A pesquisa envolveu doze participantes. _____

   b) No quarto dia, os resultados foram apresentados. _____

   c) Um terço dos participantes fará a pesquisa novamente. _____

   d) Os treinadores exigiram o triplo de esforço dos atletas. _____

3. Relacione os conteúdos da primeira coluna com os da segunda.

2001 — sexto mês do ano

Dia das Mães — sétimo dia da semana

junho — primeiro ano do século 21

sábado — segundo domingo de maio

◆ Os numerais da coluna da direita são:

☐ cardinais.

☐ ordinais.

☐ fracionários.

☐ multiplicativos.

4. Leia as frases e observe as palavras destacadas. Depois, escreva **F** para os numerais fracionários e **M** para os multiplicativos.

☐ **Um quinto** dos alunos daquela escola faz aulas de natação.

☐ O campeonato de futebol masculino deste ano teve o **dobro** de participantes.

☐ Esperamos o **quádruplo** de visitantes durante as férias.

☐ Cerca de **metade** da minha família vive no interior de Santa Catarina.

5. Complete as frases escrevendo os numerais do quadro por extenso.

12º • 5 vezes • 200 • 1ª • 600 • 3º

a) A _____ colocada na corrida treinou cerca de _____ minutos por semana.

b) O _____ competidor só chegou à cidade onde será a corrida depois de uma viagem de ônibus que durou _____ minutos.

c) O _____ colocado fez o mesmo trajeto dos demais no _____ do tempo.

175

6. Leia a frase abaixo e assinale os numerais que completam as lacunas adequadamente.

_____ hora tem _____ segundos

☐ Uma, 3 600   ☐ 1, 360   ☐ Um, 3 600

7. Escreva o que indicam as palavras destacadas.

   a) Os pesquisadores observaram **uma dúzia** de ciclistas.
   _____

   b) Cada ciclista devia trazer seu **par** de tênis.
   _____

   c) Na cidade onde moro, existe um museu com mais de **um século**.
   _____

   d) Os meus avós moram nesta cidade há **uma década**.
   _____

   ◆ As palavras destacadas indicam:

   ☐ quantidade exata.

   ☐ quantidade que não é exata.

   ☐ ordem.

8. Leia as frases e observe os numerais destacados.

   > Já lhe expliquei isso **milhões** de vezes!
   > Eu já corrigi o seu texto **centenas** de vezes...
   > Sua teimosia não vai passar nem daqui a um **século**!

   ◆ Nessas frases, os numerais destacados indicam:

   ☐ quantidade exata.

   ☐ quantidade indeterminada.

PARA ESCREVER MELHOR
REPRESENTAÇÃO GRÁFICA DAS UNIDADES DE MEDIDA

Leia a notícia a seguir e observe os numerais destacados.

http://noticias.r7.com

Rio-Santos tem pico de **81 km** de congestionamento

21 h 30 – Atualizado: 3 de janeiro de 2016 | 21 h 31

O enredo se repete todo início de ano: quem opta por aproveitar o *réveillon* longe de casa passa maus (e longos) momentos na volta para casa. [...]

[...] As dificuldades eram maiores entre Ubatuba e Caraguatatuba, no litoral norte, e no trecho perto da Riviera de São Lourenço, em Bertioga. [...]

[...] Às **18 h 30**, a pista seguia movimentada, mas sem registros de pontos de congestionamento.

Disponível em: <http://noticias.r7.com/sao-paulo/rio-santos-tem-pico-de-81-km-de-congestionamento-04012016>.
Acesso em: novembro de 2016.

1. Leia e observe.

   21 h 30 • 18 h 30 • 81 km

   a) O que indica a letra **h** em 21 h 30 e 18 h 30?

   _____

   ◆ Essa representação expressa:

   ☐ tempo, duração.   ☐ distância.   ☐ extensão.

   b) O que indica **km** em 81 km?

   _____

   ◆ Essa representação expressa:

   ☐ tempo, duração.   ☐ distância.   ☐ extensão.

Hora e quilômetro são unidades de medida.
As unidades de medida são: **quilômetro**, **metro**, **hora**, **minuto**, **quilograma**, etc.

◆ Para representá-las, são usadas abreviaturas com uma ou duas letras.

◆ As abreviaturas das unidades de medida não levam ponto. São escritas com letras minúsculas e sem **-s** no plural.

◆ Principais unidades de medida e sua representação:

Unidade	Representação
hora	h
minuto	min
grama	g
quilograma	kg
tonelada	t
centímetro	cm
metro	m
quilômetro	km

2. Numere as frases de acordo com os números abaixo.

1. Comprimento ou extensão.   **2.** Profundidade.   **3.** Distância.
4. Tempo e duração.   **5.** Massa.   **6.** Temperatura.

☐ O oceano Pacífico tem o local mais fundo do planeta, com 11 033 m de profundidade.

☐ O maior rio do mundo é o Nilo, na África, com 6 670 km de extensão.

☐ A Lua fica a aproximadamente 384 000 km da Terra.

☐ Preciso comprar 4 kg de batata.

☐ A mínima hoje em Natal vai ser de 22 °C.

☐ O jogo vai ser às 11 h 20 min no Estádio Mineirão em Belo Horizonte.

3. Escreva os numerais com algarismos e use as abreviaturas para representar as unidades de medida.

   a) A cidade do Rio de Janeiro fica, aproximadamente, a um mil, seiscentos e quarenta e nove quilômetros de Salvador.

   _____

   b) A altura da estátua do Cristo Redentor é de trinta metros.

   _____

   c) Uma baleia-azul pode chegar a cento e vinte toneladas.

   _____

   d) O *show* começará às dezenove horas e quarenta e cinco minutos.

   _____

4. Observe os cartazes e escreva as unidades de medida que aparecem neles.

   _____

5. Observe os numerais nestas figuras e escreva-os por extenso, utilizando a unidade de medida mais adequada.

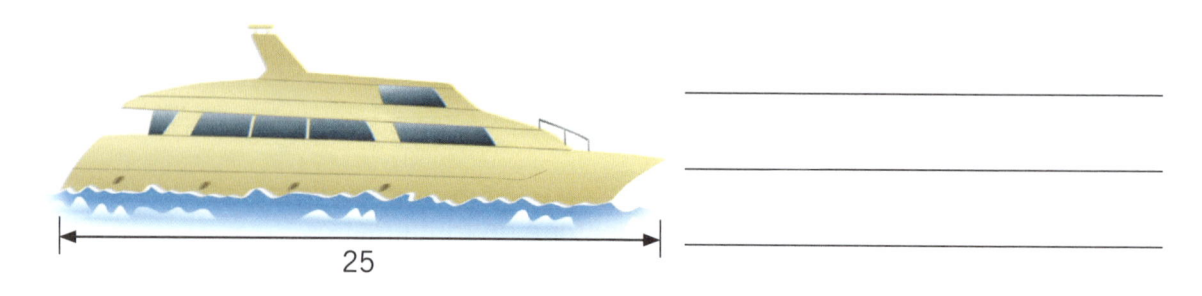

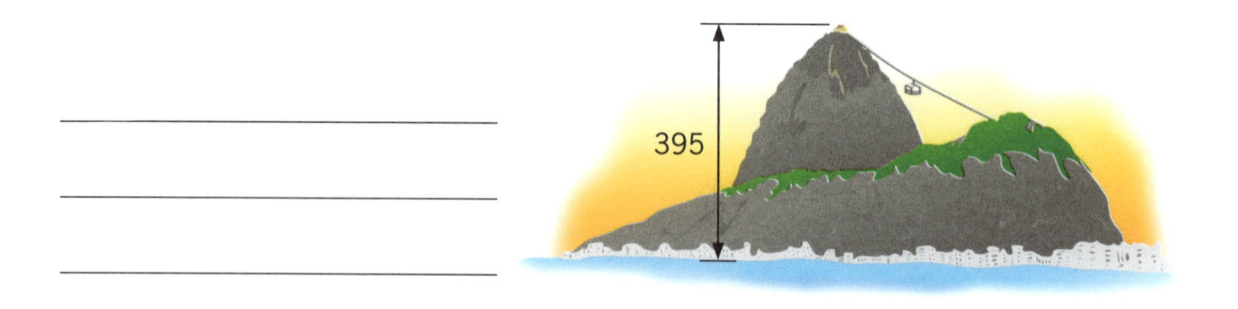

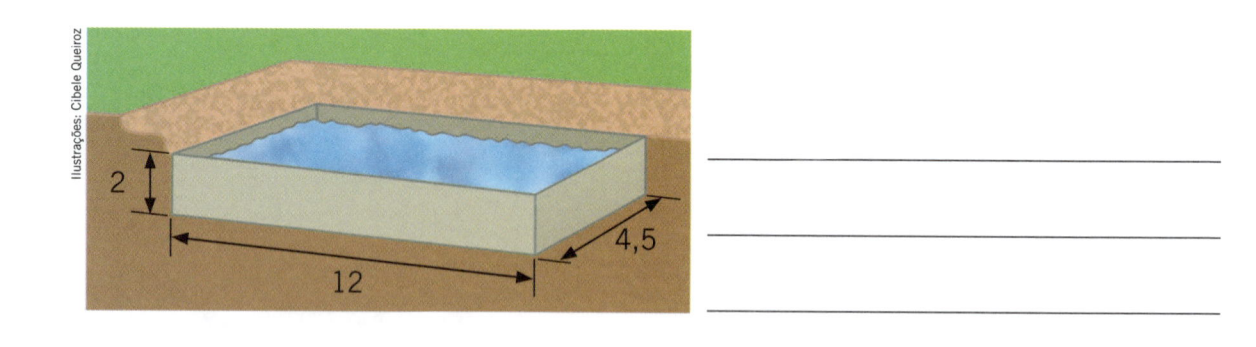

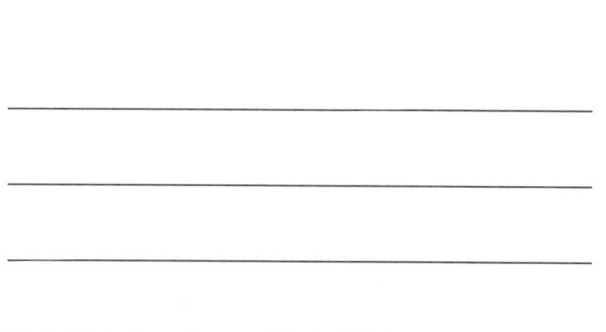

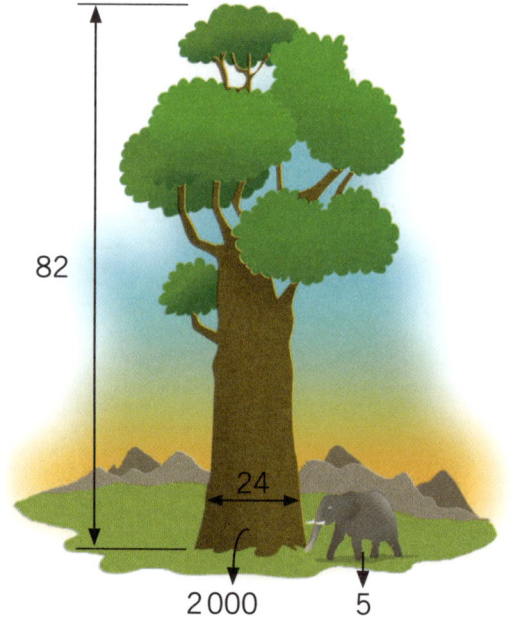

EURECA!

Você gosta de adivinhações?

◆ Leia o poema e prepare-se para responder à pergunta.

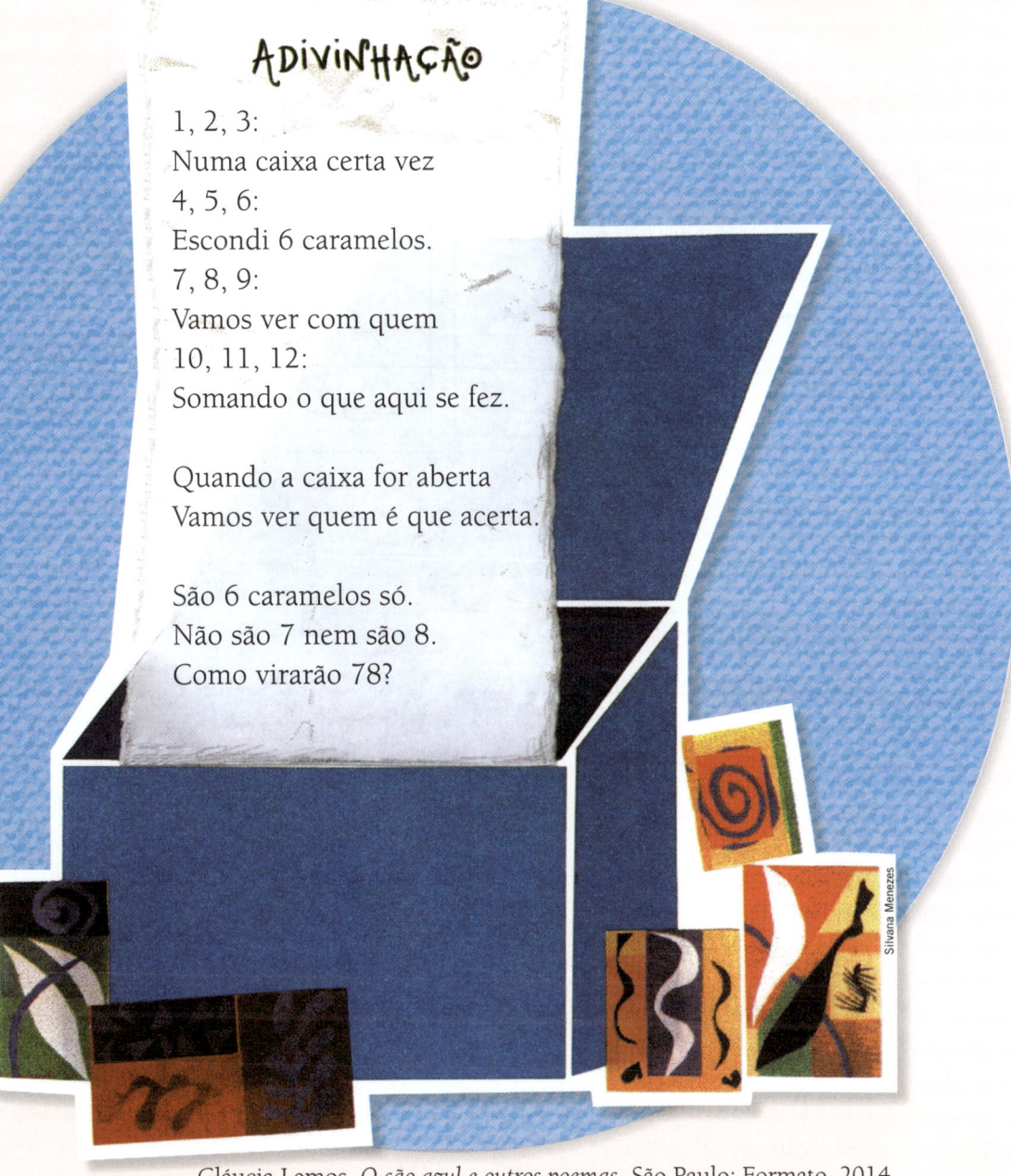

ADIVINHAÇÃO

1, 2, 3:
Numa caixa certa vez
4, 5, 6:
Escondi 6 caramelos.
7, 8, 9:
Vamos ver com quem
10, 11, 12:
Somando o que aqui se fez.

Quando a caixa for aberta
Vamos ver quem é que acerta.

São 6 caramelos só.
Não são 7 nem são 8.
Como virarão 78?

Gláucia Lemos. *O cão azul e outros poemas*. São Paulo: Formato, 2014.

◆ Agora, responda à pergunta final: como 6 caramelos virarão 78?

_____
_____

18 CONCORDÂNCIA NOMINAL

Leia a tirinha.

Disponível em: <www.monica.com.br/cgi-bin/load.cgi?file=news/welcome.htm&pagina=../../cards/w-junina.htm>. Acesso em: novembro de 2016.

1. A finalidade principal da tirinha é:

    ☐ dar instruções.

    ☐ informar sobre tartarugas.

    ☐ divertir o leitor.

    ☐ apresentar o personagem Bidu.

2. Releia estes trechos e observe as palavras destacadas.

    > Mas temos um **pequeno probleminha**!
    > Moramos em **casas separadas**!

    ◆ Marque com um **X** as respostas corretas.

    ☐ O adjetivo **pequeno** e o substantivo **probleminha** são masculinos e estão no singular.

    ☐ O adjetivo **separadas** e o substantivo **casas** são femininos e estão no plural.

    ☐ O adjetivo nem sempre concorda em gênero e número com o substantivo que acompanha.

Os adjetivos concordam em gênero (masculino e feminino) e número (singular e plural) com os substantivos a que se referem.

ATIVIDADES

1. Marque com **P** os adjetivos que concordam com o substantivo **probleminha** e com **C** os adjetivos que concordam com o substantivo **casas**.

    ☐ sério ☐ brancas

    ☐ geminadas ☐ antigas

    ☐ antigo ☐ impossível

2. Circule os adjetivos presentes nesta tirinha.

    PROVEI UM SANGUE DELICIOSO!

    BEM VERMELHO, DENSO, ADOCICADO!

    BAH! VOCÊ MORDEU UM TUBO DE CATCHUP!!!

    Disponível em: <www2.uol.com.br/niquel/bau.shtml>. Acesso em: novembro de 2016.

    a) Os adjetivos que você circulou concordam com qual substantivo?

    ☐ *catchup*

    ☐ sangue

    b) Se o substantivo fosse **frutas**, como ficariam esses adjetivos? Complete a frase.

    Provei umas frutas _____! Bem _____, _____, _____!

183

3. Complete cada provérbio com o adjetivo entre parênteses, fazendo a concordância. Em seguida, marque com um **X** o item correto.

   a) A mentira tem pernas _____. (curto)
   A concordância entre substantivo e adjetivo foi feita no:

   ☐ masculino singular.   ☐ feminino plural.

   b) De algodão _____ não se faz _____ pano. (velho, bom)
   A concordância entre substantivo e adjetivo foi feita no:

   ☐ masculino singular.   ☐ feminino plural.

4. Escreva um adjetivo do quadro para cada substantivo, fazendo as adaptações necessárias.

> fresco • higienizado • importado • maduro
> pronto • semidesnatado

frutas _____   castanhas _____

ovos _____   leite _____

verduras _____ *pizzas* _____

5. Observe a cena e preste atenção às características de cada pessoa.

1   2   3   4

◆ Numere os adjetivos que se referem a cada pessoa da cena.

☐ baixinho   ☐ preta   ☐ branca
☐ loira   ☐ encaracolados   ☐ roxos
☐ magro   ☐ careca   ☐ vermelhos

PARA ESCREVER MELHOR
MEIO E MEIA, OBRIGADO E OBRIGADA

Leia esta charada e tente decifrá-la!

> Uma meia meio feita,
> outra meia por fazer;
> diga-me lá, ó menina,
> quantas meias vêm a ser?
>
> Adivinha popular.

_____

1. Leia as expressões a seguir.

I. uma meia	III. quantas meias
II. outra meia	IV. meio feita

   a) Qual é o significado da palavra **meia** nos itens **I**, **II** e **III**?

   _____

   b) Qual é o significado de **meio** no item **IV**?

   _____

2. Leia as frases.

   I. Para fazer uma vitamina, pique **meia** maçã e bata no liquidificador com um copo e **meio** de leite. Adicione açúcar.

   II. Cheguei à escola **meio** atrasada, pois o sinal já tinha batido.

   a) Qual é o significado das palavras **meia** e **meio** na frase **I**?

   _____

   b) Qual é o significado de **meio** na frase **II**?

   _____

3. Marque com um **X** as respostas corretas, de acordo com o uso das palavras **meio** e **meia**.

☐ meio-dia e meio

☐ meio-dia e meia

☐ meia-noite e meia

☐ meia-noite

☐ meia *pizza*

☐ meio da *pizza*

☐ meio doente

☐ meia doente

4. Complete as frases com **meio** ou **meia**.

a) O carro raspou no poste e ficou com a porta _____ amassada.

b) Terei de sair daqui a _____ hora.

c) Nossa sala de aula é _____ escura.

d) Passei _____ dia tentando resolver um problema, mas não consegui.

e) Você viu a minha outra _____? Não consigo achá-la!

f) Estas frutas estão _____ verdes.

5. Na atividade anterior, em qual frase a palavra **meio** tem significado semelhante a **metade**?

_____

_____

6. Leia este diálogo e observe a palavra destacada no último quadrinho.

> ESSA *PIZZA* ESTÁ DELICIOSA!
>
> VOCÊ QUER MAIS UM PEDAÇO?
>
> NÃO, **OBRIGADO**.

a) Se não houvesse a figura, seria possível saber que a pessoa que fala é do sexo masculino?

☐ Não.   ☐ Sim.

b) Como você chegou a essa conclusão?

_____

7. Complete as frases com **obrigado** ou **obrigada**.

a) — Muito _____ pelos presentes!, disse a professora sorrindo.

b) — _____ pela atenção e boa noite a todos, despediu-se o repórter.

c) — _____ por assistirem à nossa programação!, completou a repórter.

8. Quando você for agradecer a uma pessoa, deverá dizer **obrigado** ou **obrigada**?

_____

CONCLUA!

As palavras **obrigado** e **obrigada** concordam em _____ e número com o _____ ou pronome a que se referem.

Por exemplo:

O meu nome é Pedro, eu digo _____.

Eu sou a Maria, eu falo _____.

DIVERTIDAMENTE

É meio ou meia?

◆ Forme palavras com **meio** e **meia** e escreva-as. Depois, relacione cada palavra ao seu significado.

meio
- fio _____ ☐
- irmão _____ ☐
- tempo _____ ☐
- campo _____ ☐

1	Intervalo de tempo.
2	Área que divide o campo de futebol.
3	Arremate da calçada; guia.
4	Irmão só por parte de mãe ou de pai.

meia
- calça _____ ☐
- idade _____ ☐
- luz _____ ☐
- volta _____ ☐

1	Meia que vai dos pés à cintura.
2	Luz fraca; penumbra.
3	Mudança completa de direção.
4	Período entre a maturidade e a velhice.

◆ Você é o artista!
Escolha duas das palavras que você formou: uma com **meio** e outra com **meia**.
Faça um desenho que represente cada uma delas.

REVISÃO

1. Complete as frases com pronomes demonstrativos.

    a) A prova será na quinta-feira. A professora acabou de dar _____ informação.

    b) Está vendo _____ garotos lá na esquina? São vizinhos do meu primo.

    c) _____ casaco que estou usando é do meu irmão.

    d) _____ tênis que você está usando é novo?

    e) _____ pulseira que estou usando foi presente de minha avó.

2. Complete as frases com as palavras correspondentes às explicações.

    a) É o substantivo coletivo de cães: _____.

    b) Fabricante ou comerciante de joias: _____.

    c) É dada como prêmios em competições: _____.

    d) Quem já ganhou um milhão de reais: _____.

    e) Nela há parentes como tios, primos, avós, pais: _____.

    ◆ As palavras que você escreveu têm:

    ☐ li.   ☐ nh.   ☐ lh.   ☐ ni.

3. Descubra as respostas destas adivinhas.
   Pista: as letras embaralhadas formam as respostas.

    a) O que tem o poço que o pescoço também tem?

    _____   i c d l e h a

    b) O que é, o que é?
       Sempre é quebrado quando alguém fala?

    _____   o l i s ê i c n

4. Compare as respostas da atividade anterior e circule a primeira letra de cada uma delas. O que essas letras têm em comum? _____

5. Escreva por extenso os trechos destacados.

   a) **12º** Concurso de Poesias. _____

   b) Aquele rio tem uma extensão de **2 800 km**. _____

   _____

   c) Apenas $\frac{1}{3}$ do planeta Terra não está coberto por água. _____

   _____

   d) Ontem fez **50 °C** naquele deserto. _____

6. Leia estes títulos de livros e circule o substantivo com o qual concorda cada adjetivo destacado.

   > As **novas** viagens do marujo verde
   > A gargalhada mais **gostosa** do mundo
   > Limeriques das coisas **boas**
   > A **maravilhosa** roupa do rei

   a) Os adjetivos destacados e os substantivos que você circulou são:

   ☐ masculinos e estão no singular.   ☐ femininos e estão no singular.

   ☐ masculinos e estão no plural.   ☐ femininos e estão no plural.

   b) Os adjetivos concordam com os substantivos a que se referem:

   ☐ em gênero (masculino e feminino).   ☐ em número (singular e plural).

7. Nestes títulos, qual é o significado das palavras **meio** e **meia**? Numere a primeira coluna de acordo com a segunda.

   ☐ *Meia palavra não basta* | 1 | um pouco
   ☐ *O filho do meio* | 2 | metade
   ☐ *Uma história meio porquinha* | 3 | posição intermediária entre dois seres ou mais
   ☐ *Uma dúzia e meia de bichinhos*

19 VERBO: TEMPOS E MODOS VERBAIS

Você conhece a história dos povos africanos que foram escravizados e trazidos à força para o Brasil?

Leia o trecho inicial de um livro que conta como tudo começou.

1845: Angola

África – esse é o nome da nossa terra-mãe.

A vida na tribo é boa. A gente trabalha muito: caça, colhe, pesca... E brinca muito.

De um tempo para cá, vêm acontecendo coisas estranhas. Muitas tribos estão sendo destruídas. Estamos sabendo de casos horríveis como este: um chefe vendeu todas as pessoas de sua própria aldeia.

Ainda não consigo entender o motivo disso tudo.

Hoje, fizemos uma festa para os nossos Orixás. O batido dos atabaques é bonito como o batido do coração.

Estou cansado. É noite. Tem estrelas no céu. [...]

Francisco Marques. *Ilê Aiê: um diário imaginário*. São Paulo: Formato, 2013.

1. Nesse trecho, o narrador:

    ☐ traz informações sobre Angola.

    ☐ descreve paisagens do lugar onde vive.

    ☐ ensina como vive sua tribo.

    ☐ narra fatos pessoais.

2. Releia estas frases do texto e observe as formas verbais destacadas.

    > I. A gente **trabalha** muito: **caça**, **colhe**, **pesca**... E **brinca** muito.
    > II. **Estou** cansado.

    ◆ Assinale a alternativa que indica o que cada forma verbal expressa, respectivamente:

    ☐ ação, fenômeno da natureza.

    ☐ ação, estado.

    ☐ estado, fenômeno da natureza.

    ☐ estado, ação.

3. Os verbos podem apresentar algumas modificações quando empregados no texto. Leia estas frases e observe as formas verbais destacadas.
Marque nos quadrinhos:

    I. para a forma verbal que indica a pessoa que fala.
    II. para a forma verbal que indica tempo passado.
    III. para a forma verbal que indica a certeza de um fato.

    ☐ O chefe **vendeu** todas as pessoas da tribo.

    ☐ Eu **moro** em Angola.

    ☐ África – esse **é** o nome da nossa terra-mãe.

Quando conjugados, os verbos flexionam-se em:

◆ **Número e pessoa**

Pessoa	Número	
	Singular	Plural
1ª pessoa: aquela que fala	Eu **moro**.	Nós **moramos**.
2ª pessoa: aquela que ouve	Tu **moras**.	Vós **morais**.
3ª pessoa: aquela de quem se fala	Ele/Ela **mora**.	Eles/Elas **moram**.

◆ **Tempo e modo**

O tempo do verbo expressa quando a ação ocorre.

Presente: indica que a ação ocorre no momento em que se fala. Exemplo: O chefe **vende** todas as pessoas de sua aldeia.

Passado ou pretérito: indica que a ação ocorreu em um momento anterior àquele em que se fala. Exemplo: O chefe **vendeu** todas as pessoas de sua aldeia.

Futuro: indica que a ação vai ou poderá ocorrer em um momento posterior ao da fala. Exemplo: O chefe **venderá** todas as pessoas de sua aldeia.

Já o modo do verbo expressa a atitude de quem fala.

Modo indicativo: expressa certeza diante do fato. Exemplos: Coisas estranhas **começaram** a acontecer. Coisas estranhas **começarão** a acontecer.

Modo subjuntivo: expressa dúvida ou incerteza diante de um fato. É utilizado também para expressar um desejo. Exemplos: Se coisas estranhas **começarem** a acontecer, vamos partir. Se pudéssemos, **partiríamos** hoje mesmo.

Modo imperativo: expressa uma ordem, um conselho ou um pedido. Exemplos: **Partam** imediatamente, pois coisas estranhas estão acontecendo. **Fiquem** longe daqui.

Os tempos e os modos organizam-se da seguinte maneira.

Modo indicativo						
Presente	Passado ou pretérito			Futuro	
	Pretérito perfeito	Pretérito imperfeito	Pretérito mais-que-perfeito	Futuro do presente	Futuro do pretérito
Eu moro	Eu morei	Eu morava	Eu morara	Eu morarei	Eu moraria

Modo subjuntivo		
Presente	Pretérito imperfeito	Futuro
Que eu more	Se eu morasse	Quando eu morar

Modo imperativo
Presente
More você

ATIVIDADES

1. Leia as frases e marque com um **X** as respostas corretas.

   a) **Comemoramos** o meu aniversário todos os anos.

   Da minha janela **vejo** estrelas no céu.

   Nessas frases, as formas verbais destacadas indicam:

   ☐ ação.   ☐ estado.

   ☐ fenômeno da natureza.

   b) **Choveu** durante a madrugada.

   Trovejou muito durante a noite.

   Nessas frases, as formas verbais destacadas indicam:

   ☐ ação.   ☐ estado.

   ☐ fenômeno da natureza.

   c) O batido dos atabaques **é** bonito.

   Estou triste e cansado.

   Nessas frases, as formas verbais destacadas indicam:

   ☐ ação.   ☐ estado.

   ☐ fenômeno da natureza.

2. Observe as formas verbais destacadas e numere a segunda coluna de acordo com a primeira.

1	**modo indicativo** certeza
2	**modo subjuntivo** incerteza, dúvida
3	**modo imperativo** ordem, conselho

   ☐ Muitas tribos **estão** destruídas.

   ☐ Não **consigo entender** o motivo disso tudo.

   ☐ Talvez você **possa ajudar**, se chegar mais cedo.

   ☐ **Ajude** sua tribo.

   ☐ Não **lutem** entre si.

   ☐ Se uma guerra **acontecesse**, tudo ficaria difícil.

3. Leia esta tirinha.

> OBRIGADA, FLIP E TOP! COLOQUEM ALI NAQUELE CANTO...
>
> VOCÊ BEM QUE PODIA TER AJUDADO, ÚRSULA...!
>
> ...E SE MACHUCASSE OS MEUS DEDINHOS?

Laerte. *Folhinha*. 30/10/2004.

a) Escreva a frase da tirinha onde há uma forma verbal que indica uma ordem ou um pedido.

_____

A forma verbal dessa frase está no modo:

☐ indicativo. ☐ subjuntivo. ☐ imperativo.

b) Agora, escreva a frase da tirinha em que há um verbo indicando dúvida ou incerteza.

_____

O verbo dessa frase está no modo:

☐ indicativo. ☐ subjuntivo. ☐ imperativo.

4. Pela terminação da forma verbal, muitas vezes, é possível identificar a que pessoa ela se refere. Observe as formas verbais das frases e complete com os pronomes adequados.

   a) _____ **gostaria** de saber o que está acontecendo.

   b) _____ **sabes** quem telefonou?

   c) E se _____ **fôssemos** jogar bola?

   d) _____ **joga** basquete no colégio.

5. Observe.

brincávamos — verbo flexionado na 1ª pessoa do plural

brincar — verbo no infinitivo (como aparece no dicionário)

a) Leia esta quadrinha e circule as formas verbais que aparecem.

> Sexta-feira faz um ano
> Que meu coração fechou
> Quem morava dentro dele
> Tirou a chave e levou.
>
> Quadrinha popular.

b) Em que pessoa estão as formas verbais da quadrinha?

_____

c) As quatro últimas formas verbais da quadrinha indicam:

☐ tempo presente.   ☐ tempo passado.   ☐ tempo futuro.

d) Escreva os verbos da quadrinha no infinitivo.

_____

6. Leia esta frase e observe a forma verbal destacada.

Quando meu pai voltou da pesca, eu já **colhera todas as frutas**.

- voltou → 1º fato: passado (pretérito perfeito)
- colhera → **verbo no pretérito mais-que-perfeito** — 2º fato: passado (pretérito mais-que-perfeito)

a) Qual das frases abaixo corresponde a essa que está acima?

☐ Quando meu pai voltou da pesca, eu já tinha colhido as frutas.

☐ Quando meu pai voltou da pesca, eu já colhi as frutas.

☐ Quando meu pai voltou da pesca, eu já estou colhendo as frutas.

b) Marque com um **X** a resposta correta.

☐ O pretérito mais-que-perfeito indica um fato que ocorreu no passado.

☐ O pretérito mais-que-perfeito indica um fato duplamente passado, isto é, um fato passado que aconteceu antes de outro, que também é passado.

7. Complete as frases com os verbos entre parênteses.
Atenção: use o pretérito imperfeito.

a) Quando eu era mais novo, _____ ler muito. (costumar)

b) Antigamente, os seres humanos, quando _____ se alimentar, comiam o que _____ na natureza. (precisar, encontrar)

c) Naquele tempo, os homens _____ e as mulheres _____ a coleta de frutas e de raízes. (caçar, fazer)

d) Nessa época, os seres humanos _____ com dificuldade. (viver)

e) Na minha infância, eu _____ todos os dias à tarde, depois de fazer a lição. (brincar)

8. Ligue as informações da primeira coluna com as formas verbais correspondentes, presentes na segunda coluna.

Cheguei correndo à sala, mas a professora já **fechara** a porta.	havia perdido
Quando minha mãe me chamou, eu já **acabara** a lição.	tinha acabado
O menino descobriu que **perdera** seu álbum quando abriu a mochila.	havia escondido
A escuridão **escondera** as armadilhas do caminho.	tinha fechado

◆ As formas verbais destacadas na primeira coluna estão:

☐ no pretérito perfeito.

☐ no pretérito imperfeito.

☐ no pretérito mais-que-perfeito.

☐ no infinitivo.

9. Observe.

> Mesmo muito jovem, Robinson Crusoé já **tinha viajado** para fora de seu país.
>
> pretérito mais-que-perfeito composto
>
> Mesmo muito jovem, Robinson Crusoé já **viajara** para fora de seu país.
>
> pretérito mais-que-perfeito simples

◆ Escreva as frases, substituindo as formas verbais compostas destacadas pela forma simples do pretérito mais-que-perfeito.

a) Contei à minha professora que meu irmão mais velho já **tinha lido** aquele livro.

b) Esse personagem nasceu na Inglaterra. Nessa época, seu pai já **tinha mudado** de cidade três vezes.

c) Antes de fixar residência em uma cidadezinha inglesa, a família **tinha visitado** durante um mês os parentes que lá moravam.

d) Um ano **tinha se passado**, mas os pais dele ainda sentiam saudades da antiga cidade onde moraram.

PARA ESCREVER MELHOR
USO DOS VERBOS IRREGULARES I

Leia esta piada.

> Um mineiro, muito do pão-duro, recebe a visita de um amigo. A certa altura da conversa, o amigo pergunta:
> — Se você **tivesse** seis fazendas, você me daria uma?
> — Claro, uai! — respondeu o mineiro.
> — Se você **tivesse** seis automóveis, você me daria um?
> — Claro que sim!
> — E se você **tivesse** seis camisas, você me daria uma?
> — Não!
> — Por que não?
> — Porque eu **tenho** seis camisas!
>
> Disponível em: <www.portaldohumor.com.br/cont/piadas/820/O-Caipira-Pao-Duro.html>.
> Acesso em: novembro de 2016.

1. Releia e observe as formas verbais destacadas.

   > — Se você **tivesse** seis automóveis, você me daria um?
   > — Porque eu **tenho** seis camisas!

   ◆ Marque com um **X** a resposta correta.

   ☐ O verbo **ter** sofre modificações somente na parte final da forma verbal conjugada, dependendo da pessoa, tempo e modo em que é usado.

   ☐ O verbo **ter** sofre modificações na parte inicial da palavra, dependendo da pessoa, tempo e modo em que é usado.

2. Leia estas frases.

   > Nunca acabam bem as coisas que podem dar errado.
   > Tudo o que puder dar certo, dará certo.
   > Não há sabão que possa lavar a alma da inveja.

   a) Quais são as diferentes formas do verbo **poder** nessas frases?

   _____

   b) Essas formas sofrem modificações em que parte das palavras?

   _____

3. Compare com as formas verbais destacadas neste trecho.

> Mônica está **passando** por uma fase muito feliz!
> Você quer que eu **passe** a sua camisa?
> Eles **passarão** férias no litoral.

◆ Marque com um **X** a alternativa correta.

☐ As formas do verbo **passar** sofrem modificações na parte inicial assim como os verbos **ter** e **poder**.

☐ O verbo **passar** mantém a mesma grafia na parte inicial da palavra.

CONCLUA!

Os verbos que mantêm a mesma grafia na parte inicial da palavra, usados em pessoas, tempos e modos verbais diferentes são chamados _____.

Os verbos que sofrem modificações na parte inicial da palavra, usados em pessoas, tempos e modos verbais diferentes são chamados _____.

4. Complete com o verbo **poder** ou o verbo **ter** em uma das formas do pretérito indicadas nos quadros.

tinha • tive   pude • podia

a) Quando o barco em que eu estava virou, nadei o mais depressa que

_____ em direção à praia. (poder)

b) Naquele instante, o vento _____ aumentado muito. Não conseguia abrir os olhos. (ter)

c) Quando eu era criança, só _____ brincar depois de ter feito toda a lição de casa. (poder)

d) _____ uma grande alegria ao reencontrar os meus amigos. (ter)

201

5. Observe estas frases e os verbos destacados.

Faço o que posso. → presente

Ele **fará** aulas de Inglês às quartas-feiras. → futuro

♦ De acordo com esses tempos verbais do verbo **fazer**, você pode concluir:

☐ que ele é regular.   ☐ que ele é irregular.

6. Complete as frases com uma das formas verbais indicadas.

fiz • fizeram • fazia

a) Eu _____ uma viagem inesquecível na semana passada!

b) Roberto _____ parte da fanfarra do colégio.

c) As novidades sobre informática que li na revista _____ com que eu tivesse certeza de como seria o meu novo computador.

7. Leia esta cantiga e observe a forma destacada do verbo **pôr**.

Escravos de Jó
Jogavam caxangá
Tira, põe, deixa ficar
Guerreiros com guerreiros
fazem zigue, zigue, zá (bis).

Cantiga popular.

♦ Marque com um **X** as frases em que o verbo **pôr** é utilizado.
Pista: ele está em diferentes tempos.

☐ Pus meus cadernos na mochila e saí.

☐ Faça isso por mim, por favor!

☐ Puseram sal demais no macarrão.

☐ Por mais que ele tenha estudado, não foi bem nas provas...

☐ Ponham mais força no jogo, meninos!

CONCLUA!

De acordo com as formas do verbo **pôr**, é possível concluir que:

☐ esse verbo é regular.   ☐ esse verbo é irregular.

DIVERTIDAMENTE

Pintando e desvendando...

◆ Escolha uma cor de que você goste e pinte apenas os espaços em que aparecem as formas dos verbos irregulares indicados nos quadros.

| ter | poder | fazer | pôr |

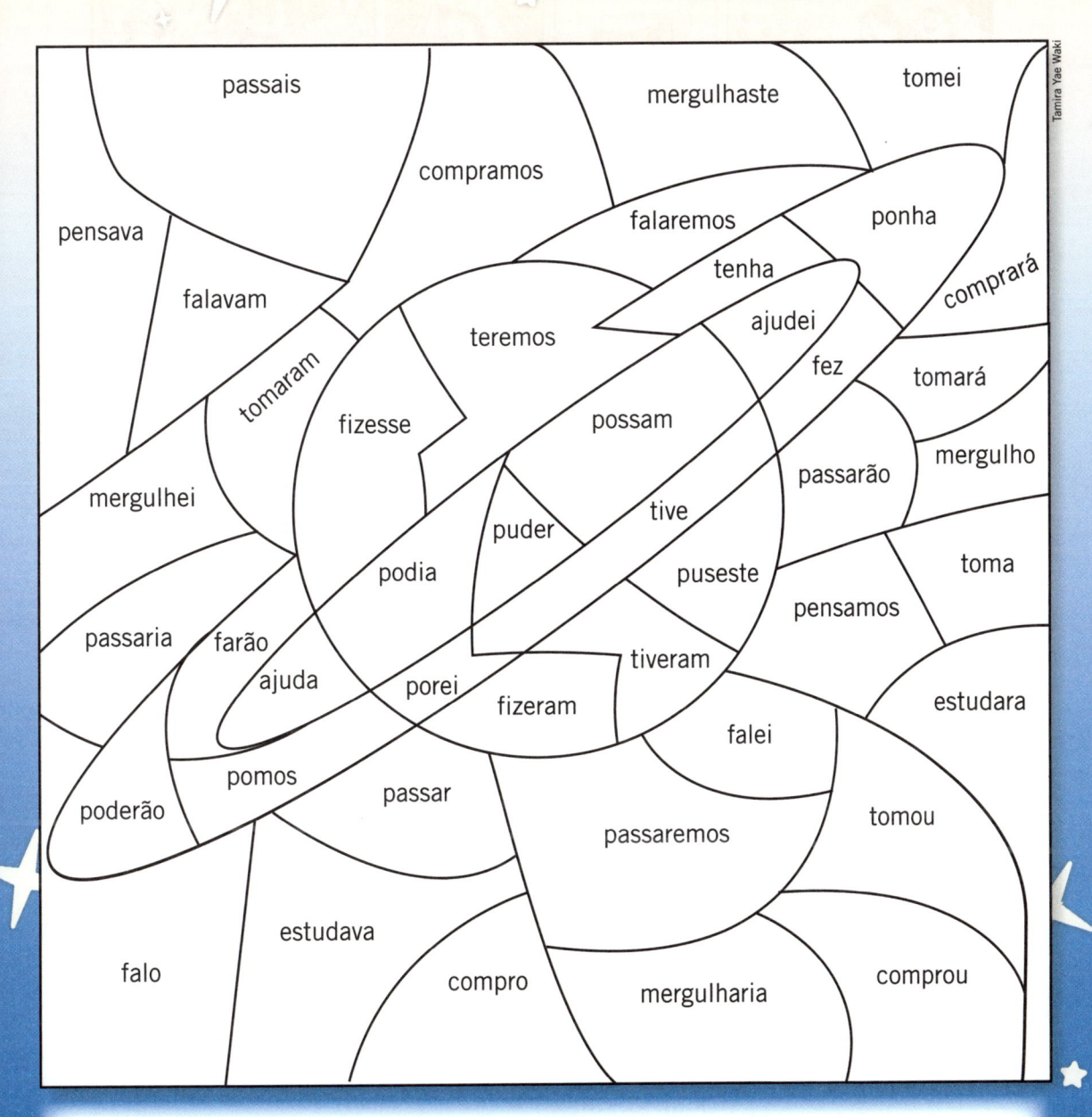

Palavras no diagrama:
- passais
- mergulhaste
- tomei
- pensava
- compramos
- falaremos
- ponha
- falavam
- tenha
- comprará
- tomaram
- teremos
- ajudei
- fez
- tomará
- fizesse
- possam
- mergulho
- mergulhei
- passarão
- puder
- tive
- podia
- puseste
- toma
- passaria
- pensamos
- farão
- tiveram
- ajuda
- porei
- estudara
- fizeram
- falei
- poderão
- pomos
- passar
- tomou
- passaremos
- falo
- estudava
- compro
- mergulharia
- comprou

◆ Qual foi a figura que você descobriu?

_____

DE OLHO NA LÍNGUA

1. (Saresp) Leia a tirinha.

ZIRALDO. *O Menino Maluquinho*. O Globo: Rio de Janeiro, 3 set. 2005. Globinho.

Pela leitura da tira, percebe-se que Maluquinho é um menino:

a) ☐ alegre e estudioso.

b) ☐ esperto e comportado.

c) ☐ inquieto e satisfeito.

d) ☐ levado e criativo.

2. (Departamento de Educação Básica do Paraná) Leia o texto abaixo.

Quanto vai restar da floresta?

No fim do ano passado, cientistas do Brasil e dos Estados Unidos fizeram uma previsão que deixou muita gente **de cabelo em pé**: quase metade da Amazônia poderia sumir nos próximos 20 anos, devido a um projeto de asfaltar estradas, canalizar rios e construir linhas de força e tubulações de gás na floresta.

O governo, que é responsável pela preservação da Amazônia e pelas obras, acusou os cientistas de terem errado a conta e estarem fazendo tempestade em copo d'água. Você deve estar pensando, no final das contas, se a floresta está em perigo. A resposta é: se nada for feito, está.

Fonte: Cláudio Ângelo. *Folha de São Paulo*, São Paulo, 10/2/2001.

A expressão **de cabelo em pé**, utilizada no texto, significa:

a) ☐ que muita gente ficou descabelada.

b) ☐ que as pessoas ficaram preocupadas.

c) ☐ que a moda é cabelo arrepiado.

d) ☐ que todo cientista arrepia os cabelos.

3. (ANA) Leia o poema "História pra boi casar" e assinale a alternativa correta:

Boi, boi, boi, boi da cara amarela
que fugiu pra casar com a vaca,
aquela que pulou a janela.

E o casamento
foi um acontecimento,
com foto no jornal
pra coluna social.

Alessandra Roscoe. *História pra boi casar*. São Paulo: Petrópolis, 2010.

No trecho:

> Boi, boi, boi, boi da cara amarela
> que fugiu pra casar com a vaca,
> **aquela** que pulou a janela.

A palavra destacada refere-se

a) ☐ ao boi.

b) ☐ à janela.

c) ☐ à vaca.

d) ☐ à coluna social.

4. (ANA) Leia o texto.

Transporte será gratuito

Um acordo de patrocínio entre a Bienal e a companhia de seguros Aliança do Brasil, seguradora oficial do evento, oferece a partir de hoje transporte gratuito para os visitantes da 26ª Bienal.
O trajeto será de ida e volta, entre o Centro Cultural Banco do Brasil (r. Álvares Penteado, 112, Sé, tel.: 0/xx/11/3113 3651) e o prédio da Bienal, no Ibirapuera.
De terça a domingo, a partir das 10h, e de hora em hora, até às 19h, um micro--ônibus para 25 pessoas sai do CCBB rumo à Bienal. O trajeto inverso é feito das 11h às 20h, também com saídas a cada hora.
Hoje, excepcionalmente, o serviço começa a partir das 15h.

(*Folha de S.Paulo*, E4, sábado, 2/10/2004.)

De acordo com a notícia do jornal, o transporte gratuito do CCBB para a Bienal será de hora em hora:

a) ☐ a partir das 11h.

b) ☐ a partir das 15h.

c) ☐ das 10h às 19h.

d) ☐ das 11h às 20h.

20 VERBO: FUTURO

Leia o texto.

Era meu aniversário. Meu avô disse que tinha pra mim um presente inesquecível. Seria uma bicicleta nova? Seria um *skate* menos arranhado que o meu? Seria uma tonelada de bala e chocolate? Será que não era nada disso? Afinal, meu avô era surpreendente. Só inventava moda!

Pedro Antônio de Oliveira. *Metade é verdade, o resto é invenção*. São Paulo: Formato, 2014.

1. O texto que você leu tem como finalidade:

    ☐ dar uma notícia sobre a vida de um menino.

    ☐ narrar uma história de humor.

    ☐ recuperar lembranças do passado.

2. Leia estas frases com o verbo **ser** no futuro. Observe e compare as formas verbais destacadas.

    a) **Seria** uma bicicleta nova?

    Nessa frase, a forma verbal **seria**, no futuro, indica que o narrador:

    ☐ tem certeza do que vai acontecer: ele sabe que vai receber esse presente e não outro diferente.

    ☐ não tem certeza do que vai acontecer: ele poderá receber esse presente ou outro diferente.

206

b) Meu presente **será** uma bicicleta.

Nessa frase, a forma verbal **será**, no futuro, indica que o narrador:

☐ tem certeza do que vai acontecer: ele sabe que vai receber esse presente e não outro diferente.

☐ não tem certeza do que vai acontecer: ele poderá receber esse presente ou outro diferente.

O futuro do modo indicativo subdivide-se em dois:

◆ **Futuro do presente:** indica um fato que ainda vai acontecer. Exemplos: eu ganharei, ele ganhará, nós ganharemos, etc.

◆ **Futuro do pretérito:** indica uma hipótese, dúvida, quanto a um acontecimento futuro. Exemplos: eu poderia, nós poderíamos, elas poderiam, etc.

Veja no quadro todas as pessoas desses dois tempos do verbo **inventar**.

Futuro do presente	Futuro do pretérito
eu inventarei	eu inventaria
tu inventarás	tu inventarias
ele inventará	ele inventaria
nós inventaremos	nós inventaríamos
vós inventareis	vós inventaríeis
eles inventarão	eles inventariam

ATIVIDADES

1. Escreva **1** para futuro do presente e **2** para futuro do pretérito.

    ☐ **Gostaria** de ganhar uma bicicleta nova.

    ☐ Acho que meu avô me **surpreenderá** com um balão.

    ☐ Meus irmãos **poderiam** participar dessa surpresa também.

    ☐ Meu aniversário **será** dia 6 de outubro.

    ☐ O que meu avô **inventará** desta vez?

    ☐ Eu **faria** tudo para ganhar um *skate* novo.

2. Complete as frases com os verbos entre parênteses, nos tempos indicados.

    a) O trabalho _____ mais produtivo se todos ajudassem.
    (ser – futuro do pretérito)

    b) Nós _____ a discussão amanhã.
    (continuar – futuro do presente)

    c) Fique tranquila, eu _____ a tempo.
    (chegar – futuro do presente)

    d) Se eu fosse você, não _____ que isso acontecesse.
    (deixar – futuro do pretérito)

3. Complete o texto com os verbos do quadro no futuro do presente ou no futuro do pretérito.

    assistir • pegar • ser • trazer

    No século XXX, a vida _____ um pouco diferente. De manhã, robôs _____ para nós a pílula do café da manhã. Para ir à escola, _____ o teletransportador. À tarde, _____ ao jogo dos robôs.

    a) Você escreveu as formas verbais no: _____.

b) Como você fez essa escolha?

_____

_____

4. Leia as frases e escreva se a forma verbal em destaque está no futuro do presente ou no futuro do pretérito.

a) O menino **ganhará** um presente inesquecível do avô!

_____

b) **Ganharia** ele um *skate* ou um uma tonelada de bala e chocolate?

_____

5. Leia esta frase.

> Você **vai deixar** de viajar no próximo feriado?

a) A expressão **vai deixar** indica:

☐ presente.

☐ passado.

☐ futuro.

b) Mantendo a mesma indicação de tempo, reescreva a frase substituindo **vai deixar** por uma única forma do verbo **deixar**.

_____

_____

6. Complete as frases com verbos no **futuro do pretérito**.

a) Se eu vivesse em 2498, _____

_____

b) Na escola do futuro, _____

_____

PARA ESCREVER MELHOR
USO DOS VERBOS IR E SER

Leia estes ditados populares e observe as formas verbais destacadas.

> Devagar se **vai** ao longe.
>
> Um dia **é** da caça, outro do caçador.
>
> Enquanto você **foi** com a farinha, eu voltei com o bolo pronto.
>
> Os últimos **serão** os primeiros.
>
> Ditados populares.

1. Compare estas formas verbais empregadas nos ditados populares acima.

   vai • é • foi • serão

   a) Complete.

   I. As formas verbais **vai** e **foi** correspondem ao verbo _____.

   II. As formas verbais **é** e **serão** correspondem ao verbo _____.

   b) As formas desses verbos que você escreveu apresentam:

   ☐ muita diferença entre si.

   ☐ pouca diferença entre si.

CONCLUA!

Os verbos **ir** e **ser** apresentam grandes modificações em suas formas. Por isso, são chamados:

☐ irregulares.

☐ regulares.

2. Leia o ditado popular abaixo e observe as formas verbais empregadas.

> Papagaio **come** milho, periquito **leva** a fama.

a) Agora, observe com atenção as letras destacadas nestas formas verbais.

comer	eu **com**o, tu **com**es, ele **com**e, nós **com**emos, vós **com**eis, eles **com**em
levar	eu **lev**o, tu **lev**as, ele **lev**a, nós **lev**amos, vós **lev**ais, ele **lev**am
ir	eu **v**ou, tu **v**ais, ele **v**ai, nós **v**amos, vós **i**des, eles **v**ão
ser	eu **s**ou, tu **é**s, ele **é**, nós **s**omos, vós **s**ois, eles **s**ão

b) De acordo com o quadro, e pela observação das letras destacadas, podemos concluir que os verbos _____ e _____ são regulares. Já os verbos _____ e _____ são irregulares.

3. Leia as frases e observe as formas verbais destacadas.

> Se você pudesse, **iria** ao médico comigo?
> Eu já **fui** a Brasília com meus pais.
> Quem **irá** ao cinema amanhã?
> Eu **vou** ao mercado.

a) As formas destacadas referem-se a que verbo?

_____

b) Escreva cada forma verbal destacada ao lado do tempo verbal correspondente.

presente: _____   futuro do presente: _____

pretérito perfeito: _____   futuro do pretérito: _____

4. Observe o quadro.

> brincadeiras **de criança** = brincadeiras **infantis**
> locução adjetiva (mais de uma palavra)   adjetivo (uma palavra)
>
> Ele **vai sair** quando puder. = Ele **sairá** quando puder.
> dois verbos   um verbo

♦ A expressão **vai sair** recebe o nome de:

☐ locução adjetiva.   ☐ locução verbal.

DIVERTIDAMENTE

Ser ou não ser... eis a questão!

◆ Leia as frases e coloque os seguintes códigos:

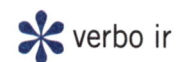

★ verbo ser   ✳ verbo ir

Ela **foi** minha vizinha durante muito tempo. _____

Nós **fomos** colegas no 3º ano. _____

Eles **foram** felizes para sempre! _____

Eles **foram** para casa. _____

Ela **foi** a uma festa ontem. _____

Eu **era** o melhor nadador da turma. _____

Quando eu **for** maior de idade, poderei viajar sozinho. _____

Quando **for** à praia, quero mergulhar e conhecer o fundo do mar! _____

Eu **fui** o primeiro aluno a chegar. _____

João e Maria **foram** namorados na juventude. _____

♦ Agora, confira suas respostas com o professor. Some 1 ponto a cada resposta correta.

Se você fez entre 0 e 5 pontos: Não desista! Releia as frases com atenção e você acertará todas!

Se você fez entre 6 e 9 pontos: Falta pouco! Releia as frases e faça os ajustes necessários.

Se você fez 10 pontos: Parabéns! Você está sabendo tudo sobre os verbos **ser** e **ir**!

21 CONCORDÂNCIA VERBAL

Você já viu um pica-pau? Leia o texto.

Pica-pau-anão-da-caatinga

Os pica-paus são bastante conhecidos pelo seu hábito de martelar as árvores com o bico para capturar larvas e insetos que ali vivem. Esse comportamento é conhecido como "**cinzelar**" e, para ser bem executado, eles precisam de um bico muito forte e pontiagudo, com o qual conseguem facilmente abrir a cavidade no tronco. Depois, com a língua longa, fina e pegajosa, podem apreender suas presas e comê-las.

Possuem cantos territoriais e diversos chamados, mas seu principal som é o tamborilar, quando batem o bico contra paus secos, cascas e troncos ocos, produzindo ruídos que servem para a demarcação territorial e como comunicação durante o período reprodutivo. [...]

O pica-pau-anão-da-caatinga possui o corpo pardo com a parte inferior uniformemente amarelada e uma coroa preta pontilhada de branco na cabeça.

Sávio Freire Bruno. *100 animais ameaçados de extinção no Brasil — e o que você pode fazer para evitar*. Rio de Janeiro: Ediouro, 2008.

HABITAT: áreas de caatinga e capoeiras.
HÁBITO: diurno.
LONGEVIDADE: desconhecida.
PESO: desconhecido.
ALIMENTAÇÃO: larvas de insetos que escavam galerias em troncos de árvores e frutas.
CAUSAS DA EXTINÇÃO: desmatamento e expansão agrícola.

Cinzelar: fazer sulcos ou abrir cortes com um cinzel, instrumento com ponta cortante.

1. A finalidade do texto é:

    ☐ contar histórias sobre os pica-paus.

    ☐ divertir o leitor com informações sobre os pica-paus.

    ☐ informar sobre os pica-paus e descrevê-los.

2. Releia estas frases e compare as formas verbais destacadas.

> Os pica-paus **são** bastante conhecidos [...].
> O pica-pau-anão-da-caatinga **possui** o corpo pardo [...].

a) Em que pessoa do verbo estão as duas formas destacadas?

_____

b) Complete.

A forma verbal **são** concorda com o substantivo _____ no

plural e a forma verbal **possui** concorda com o substantivo _____

_____ no singular.

3. Leia e observe as formas verbais destacadas. Faça um círculo em torno das palavras ou das expressões a que essas formas verbais se referem.

a) Os pica-paus **martelam** as árvores em busca de larvas e insetos.

b) Eles se **alimentam** de larvas e insetos.

c) As árvores secas e os troncos ocos **servem** de casa para esses insetos.

d) O pica-pau-anão-da-caatinga **tem** uma coroa preta pontilhada de branco na cabeça.

e) Essa ave **está** ameaçada de extinção.

O verbo concorda com a palavra ou as palavras a que se refere em número (singular ou plural) e em pessoa (1ª, 2ª ou 3ª pessoas). Essas palavras podem ser substantivos ou pronomes.

ATIVIDADES

1. Agora, observe os substantivos destacados. Circule o verbo que concorda com cada um deles. Veja o exemplo.

    a) Os **flamingos** (enfiam) a cabeça na água para pegar camarões.

    b) As **aves** botam ovos.

    c) Muitas **pessoas** gostam de ter bichos de estimação em casa.

    d) Alguns **animais** têm uma casa de verão e uma de inverno.

    e) Um **ovo** tem clara e gema.

2. De acordo com a atividade anterior, marque com um **X** as respostas corretas.

    a) Palavra ou expressão no singular exige:

    ☐ forma verbal no singular.   ☐ forma verbal no plural.

    b) Palavra ou expressão no plural exige:

    ☐ forma verbal no singular.   ☐ forma verbal no plural.

    c) A forma verbal aparece:

    ☐ antes da palavra ou da expressão com que concorda.

    ☐ depois da palavra ou da expressão com que concorda.

3. Complete as frases com uma das formas verbais entre parênteses.

    a) A cidade _____ uma festa com a chegada do circo.
    (virou – viraram)

    b) Kátia e Felipe _____ dupla no campeonato de dança.
    (faz – fazem)

    c) Mateus _____ 6 anos quando se _____ pela primeira vez em um programa de variedades. (tinha – tinham) (apresentou – apresentaram)

    d) Macarronada e feijoada _____ pratos deliciosos. (é – são)

    e) O circo _____ na China há cerca de 6 000 anos.
    (surgiu – surgiram)

4. Leia novamente as frases da atividade **3** e responda às perguntas.

   a) Em quais alternativas você empregou as formas verbais no singular?

   _____

   b) Nessas frases, por que você escolheu as formas verbais no singular?

   _____

   _____

5. Observe as formas verbais destacadas. Circule os substantivos a que elas se referem. Veja o exemplo.

   a) No céu azul, só **voavam** algumas (gaivotas) solitárias.

   b) Na minha escola, **começaram** as férias ontem.

   c) Felizmente, não **faltam** médicos neste hospital.

   d) Todos os assaltantes foram presos, **concluiu** o delegado.

   e) Todos os dias, **passeiam** crianças nos parques da cidade.

6. Na atividade anterior, você pode observar que a forma verbal aparece:

   ☐ antes da palavra ou da expressão com que concorda.

   ☐ depois da palavra ou da expressão com que concorda.

7. Circule a forma verbal destas frases.

   > Iremos ao cinema hoje à noite.
   > Saímos de madrugada com o primeiro trem da manhã.

   a) Em cada caso, a palavra com que a forma verbal concorda:

   ☐ aparece nas frases.   ☐ não aparece nas frases.

   b) Podemos deduzir que a palavra com que a forma verbal concorda é:

   ☐ eu.   ☐ nós.   ☐ eles.   ☐ crianças.

CONCLUA!

Muitas vezes é possível identificar a palavra com que o verbo concorda:

☐ pela terminação verbal.   ☐ pelo significado do verbo.

PARA ESCREVER MELHOR
USO DOS TEMPOS VERBAIS

Leia estas perguntas curiosas e observe as palavras destacadas.

> E se... o Brasil se **dividisse** em vários países?
> E se... a Terra **girasse** para o outro lado?
> E se... não **sonhássemos**?
>
> Disponível em: <http://super.abril.com.br>.
> Acesso em: novembro de 2016.

1. Observe estas formas verbais usadas nas perguntas.

   dividisse   girasse   sonhássemos

   a) Essas formas verbais estão no modo:
      ☐ indicativo.   ☐ subjuntivo.   ☐ imperativo.

   b) Elas indicam:
      ☐ certeza.   ☐ dúvida.   ☐ ordem ou conselho.

2. O modo subjuntivo apresenta três tempos verbais: presente, passado (pretérito) e futuro. Observe as formas verbais destas frases.

   > Caso o Brasil se **divida** em vários países, falaremos línguas diferentes?
   > Para que a Terra **gire** ao contrário, o que será necessário?
   > É preciso que o ser humano **sonhe**.

   ◆ Essas formas estão no:
      ☐ presente.   ☐ passado (pretérito).   ☐ futuro.

3. Encontre no diagrama o pretérito imperfeito do modo subjuntivo dos verbos irregulares **ter**, **ser** e **poder**.

Z	E	F	Ô	S	S	E	M	O	S	P	V	S	T	E
M	O	J	S	U	W	O	D	T	R	I	M	Ô	S	R
N	H	E	P	U	D	É	S	S	E	M	O	S	S	I
D	A	T	I	V	E	S	S	E	R	D	I	S	T	Ô

◆ Escreva uma frase com cada uma das palavras que você encontrou no diagrama.

_____

_____

_____

4. Complete as frases com a conjugação adequada dos verbos entre parênteses.

   a) É preciso que você _____ cuidado com a sua alimentação. (tomar)

   b) O meu conselho é que você _____ água filtrada ou fervida. (beber)

   c) O ideal é que você _____ uma atividade física de que goste. (praticar)

   d) Para um bom resultado, é preciso que você _____ o produto adequadamente. (usar)

   ◆ As formas verbais que você escreveu nas frases estão no: _____

   _____

5. Ligue o início das frases da primeira coluna ao final delas, presente na segunda coluna.

   a) É necessário   se tivessem mais oportunidade.

   b) Meus pais querem   quando a biblioteca estiver pronta.

   c) Eles passeariam mais   que eu e meu irmão tenhamos aulas de violão.

   d) Os alunos lerão mais   que ele feche a porta ao sair.

   e) O ideal é   que a alimentação seja equilibrada.

   ◆ Leia as frases que se formaram. Em quais delas você encontrou:

   formas verbais no presente do subjuntivo? _____

   formas verbais no pretérito do subjuntivo? _____

   formas verbais no futuro do subjuntivo? _____

DIVERTIDAMENTE

Hoje tem marmelada? Tem, sim senhor!

◆ O palhaço está atrasado para o espetáculo. Leve-o até o circo pelo caminho com as frases que apresentam formas verbais no subjuntivo.

Se eu estiver atrasado, não vou mais.

O espetáculo já vai começar.

Espero que você estude bastante.

Não se esqueça de escrever!

Pegue uma caneta e anote o recado, por favor.

Quando terminar a tarefa, passe em casa.

Eu posso ajudar, é só me chamar.

Se eu soubesse que seria hoje, teria chegado mais cedo.

Quando nós chegarmos, por favor, feche a porta.

Vocês poderiam chegar mais cedo hoje?

Cibele Queiroz

221

22 ADVÉRBIO

Como manter o seu quarto em ordem?
Leia as dicas.

Em ordem

- Sempre que tirar livros, brinquedos e roupas do lugar, não se esqueça de guardá-los depois.
- Separe espaços do seu quarto para as tarefas da escola, brincar e usar o computador. Assim, cada objeto terá um lugar certo.
- Jogue fora brinquedos quebrados ou com peças faltando. E doe os que você não usa mais.
[...]
- Não deixe para arrumar a mochila só na hora de ir à escola. Faça isso depois de terminar as tarefas escolares.

Estadinho. Disponível em: <blogs.estadao.com.br/estadinho>. Acesso em: outubro de 2016.

1. Esse texto tem como objetivo:

☐ informar. ☐ aconselhar. ☐ divertir.

2. Releia os trechos e observe as palavras destacadas. Assinale:

   1. para palavras que indicam tempo.
   2. para palavras que indicam lugar.
   3. para palavras que indicam modo.

   ☐ Sempre que tirar livros [...] e roupas do lugar, não se esqueça de guardá-los **depois**.

   ☐ **Assim**, cada objeto terá um lugar certo.

   ☐ Jogue **fora** brinquedos quebrados ou com peças faltando.

   > As palavras que indicam as circunstâncias em que ocorre a ação expressa por um verbo são chamadas **advérbios**.
   >
   > Os advérbios podem indicar:
   >
   > ◆ **tempo:** logo, ontem, hoje, amanhã, agora, já, sempre, nunca, frequentemente, antes, depois, imediatamente.
   >
   > ◆ **modo:** calmamente, depressa, devagar, bem, mal.
   >
   > ◆ **lugar:** aqui, ali, lá, dentro, fora, longe, perto.
   >
   > ◆ **afirmação:** sim, certamente.
   >
   > ◆ **negação:** não.
   >
   > ◆ **dúvida:** talvez, possivelmente.
   >
   > ◆ **intensidade:** muito, pouco, bastante, mais.

3. Responda cada pergunta usando um advérbio diferente. Depois, escreva a classificação desse advérbio: modo, afirmação, intensidade, etc.

   a) Você costuma arrumar a sua cama? _____

   b) Você doa os brinquedos que não usa mais? _____

ATIVIDADES

1. Leia esta frase.

   > **Talvez** eu consiga consertar o computador sozinho.

   ◆ O advérbio destacado indica:

   ☐ afirmação.   ☐ negação.   ☐ dúvida.

2. Complete as frases com os advérbios do quadro.

   > bastante • mais • muito • pouco

   a) Em um quarto arrumado, fazemos as tarefas com _____ facilidade.

   b) Pedro sempre deixa o quarto dele _____ arrumado.

   c) É preciso _____ disciplina na hora de estudar.

   d) Tenho _____ trabalho para preparar minha mochila.

   ◆ Nas frases acima, os advérbios que você escreveu indicam:

   ☐ lugar.   ☐ tempo.

   ☐ modo.   ☐ intensidade.

3. Escreva a circunstância que os advérbios destacados indicam.

   Primeiros socorros

   Em caso de acidentes, procure **logo** um hospital. _____

   Se cair um cisco no olho, retire-o **cuidadosamente**. _____

   Se cair areia no rosto, lave os olhos **imediatamente**. _____

4. Observe as expressões do quadro.

> com frequência • com calma • com rapidez • com força

 a) As expressões do quadro equivalem a:

   ☐ adjetivos.

   ☐ advérbios.

   ☐ verbos.

 b) Essas expressões recebem o nome de:

   ☐ locução adjetiva.

   ☐ locução verbal.

   ☐ locução adverbial.

5. Transforme as locuções adverbiais em advérbios.

 a) com tranquilidade _____

 b) com nervosismo _____

 c) em silêncio _____

 d) com correção _____

6. Leia estas locuções adverbiais e escreva o que elas indicam.

 a) às vezes, à noite, à tarde, de manhã _____

 b) à direita, à esquerda, em frente _____

7. Complete as frases com advérbios que tenham sentido oposto ao das palavras destacadas.

 a) Os alunos chegaram **cedo**, mas a professora chegou _____.

 b) Uns andam **devagar**, mas outros andam _____.

 c) Ontem eu passei **mal**, mas agora já estou _____.

225

PARA ESCREVER MELHOR
USO DE HAVER, FAZER, SER

> **Mãe coleta recicláveis há cinco anos para manter filho em curso de Medicina**
> Jovem de 22 anos foi aprovado em universidade.
>
> Disponível em: <www.manchetepb.com/mae-coleta-reciclaveis-ha-5-anos-para-manter-filho-em-curso-de-medicina/>. Acesso em: novembro de 2016.

1. No título de notícia acima, o verbo **haver** indica:

    ☐ tempo presente.　　☐ tempo passado.

    a) Reescreva o título de notícia, trocando a expressão **cinco anos** por **um ano**.

    _____

    b) Tanto no título original quanto no modificado, o verbo foi usado na:

    ☐ 3ª pessoa do singular.　　☐ 3ª pessoa do plural.

2. Reescreva novamente o título, trocando a forma verbal **há** (verbo haver) por **faz** (verbo fazer).

    _____

    ◆ Nessa troca:

    a) o verbo **fazer** indica:

    ☐ tempo passado.　　☐ tempo presente.

    b) o verbo **fazer** foi usado na:

    ☐ 3ª pessoa do singular.　　☐ 3ª pessoa do plural.

CONCLUA!

Quando indicam tempo _____, os verbos **haver** e **fazer** são sempre usados na _____ pessoa do _____.

3. Reescreva a frase, trocando o verbo destacado por **há**. Faça as alterações necessárias.

> **Faz** um ano que meu coração se fechou.

_____

◆ Marque com um **X** as frases corretas.

☐ Com a mudança do verbo, há alteração de sentido da frase.

☐ Com a mudança do verbo, não há alteração de sentido da frase.

☐ Os dois verbos (**faz** e **há**) são usados na 3ª pessoa do singular.

☐ Os dois verbos (**faz** e **há**) são usados na 3ª pessoa do plural.

4. Complete as frases com o verbo **haver**, indicando tempo passado.

a) Os bonecos e as bonecas acompanham as crianças _____ milhares de anos.

b) A profissão de artesão começou _____ muitos séculos.

5. Leia as frases, observe as formas verbais destacadas e numere os quadrinhos de acordo com o que cada verbo indica.

1. distância   **2.** tempo

☐ Agora **são** três horas.

☐ Desta mesa até o sofá **são** cinco metros.

☐ Agora **é** uma hora.

☐ De uma cidade a outra **são** mil quilômetros.

☐ Da escola até a minha casa **é** um quilômetro.

a) Nas frases acima, pinte os numerais.

b) As formas verbais que concordam com esses numerais estão:

☐ no singular.

☐ no plural.

☐ no singular e no plural.

CONCLUA!

Quando indica _____ ou _____, o verbo **ser** concorda com o _____ a que se refere.

6. Observe as imagens e escreva uma frase relacionada a cada uma delas. Utilize o verbo **ser** na 3ª pessoa do plural indicando tempo ou distância.

_____

_____

_____

_____

DIVERTIDAMENTE

Quem procura, acha...

◆ Encontre no diagrama oito advérbios.

Q	D	T	S	N	M	A	L	H	R	B	T	D
G	E	B	R	L	J	K	T	A	L	I	N	H
M	P	J	G	C	E	Z	I	O	N	J	F	N
H	R	P	R	P	E	R	T	O	I	B	C	U
J	E	V	U	K	M	L	N	P	R	I	N	N
F	S	A	M	A	N	H	Ã	U	I	B	M	C
E	S	I	G	H	U	R	O	I	D	W	L	A
B	A	E	V	I	H	D	E	P	O	I	S	W

Agora é com você!
Escolha um dos advérbios que você encontrou e crie uma notícia de jornal.
Não se esqueça do título e dos detalhes do fato que você quer noticiar!

JORNAL DIVERTIDAMENTE

23 PREPOSIÇÃO

Leia com atenção este infográfico.

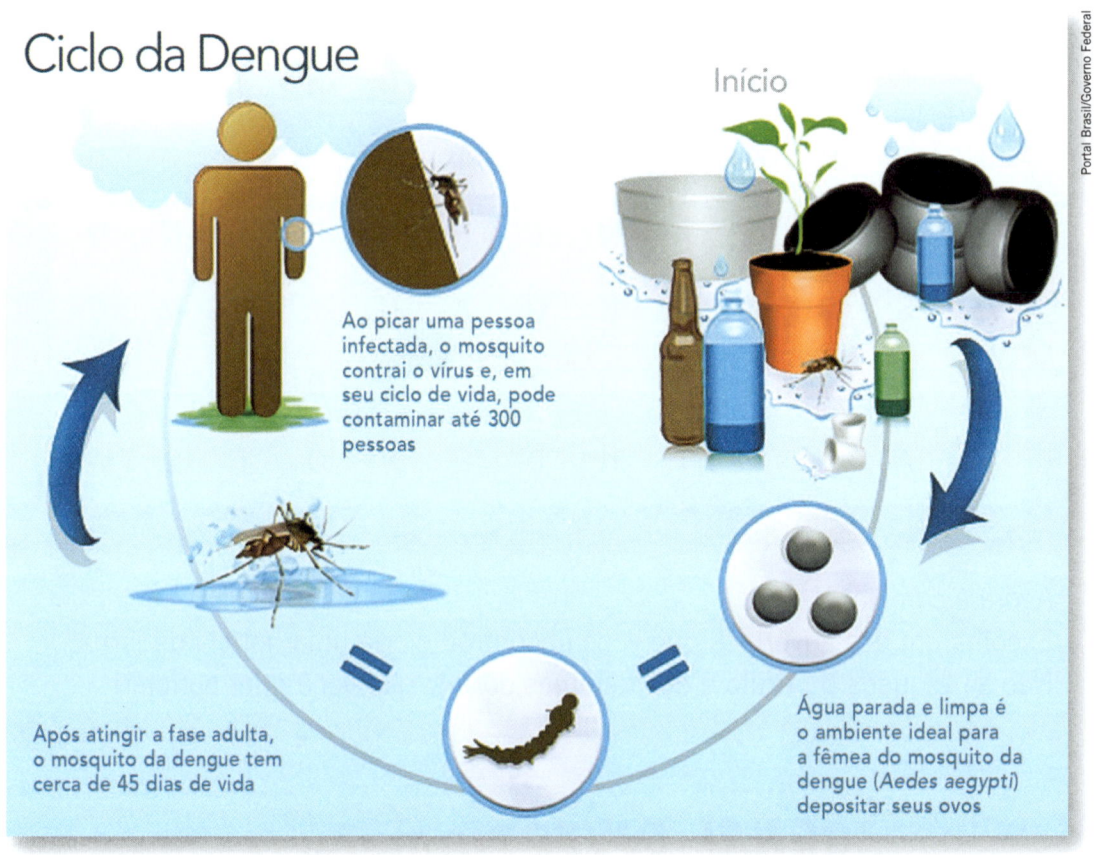

Ciclo da Dengue

Início

Ao picar uma pessoa infectada, o mosquito contrai o vírus e, em seu ciclo de vida, pode contaminar até 300 pessoas

Após atingir a fase adulta, o mosquito da dengue tem cerca de 45 dias de vida

Água parada e limpa é o ambiente ideal para a fêmea do mosquito da dengue (Aedes aegypti) depositar seus ovos

Portal Brasil/Governo Federal

Disponível em: <www.brasil.gov.br/saude/2010/03/ciclo_da_dengue>.
Acesso em: novembro de 2016.

1. O infográfico:

☐ mostra a origem da dengue por meio de imagens coloridas.

☐ traz informações sobre o contágio da dengue.

☐ expõe informações, por meio de imagens, textos, formas e cores, sobre o ciclo da dengue.

☐ informa sobre o início da dengue.

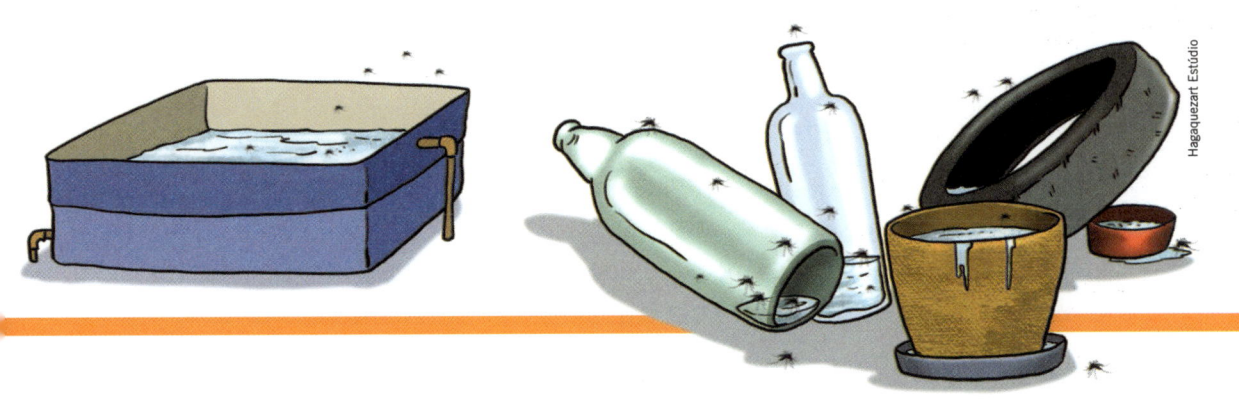

2. Releia a frase e observe as palavras destacadas.

> Água parada e limpa é o ambiente **ideal** para **a fêmea** [...] depositar seus ovos.

a) Qual é a palavra que faz a ligação entre a palavra **ideal** e a expressão **a fêmea**?

_____

b) A palavra que você escreveu é uma preposição. Na frase, essa preposição expressa uma relação de:

☐ direção.   ☐ finalidade.   ☐ tempo.   ☐ origem.

3. Releia este trecho.

> **Após** atingir a fase adulta, o mosquito da dengue tem cerca de 45 dias de vida.

◆ A palavra **após** é também uma preposição. Ela expressa uma relação de:

☐ direção.   ☐ finalidade.   ☐ origem.   ☐ tempo.

> As palavras que ligam dois termos entre si, indicando algum tipo de relação entre eles, recebem o nome de **preposição**. As principais preposições são:
>
> a • com • de • em • para • após • contra
> desde • perante • ante • entre • por • até
> sem • sob • sobre • per • trás

4. Releia.

> Ao picar uma pessoa infectada, o mosquito contrai o vírus e, em seu ciclo de vida, pode contaminar **até** 300 pessoas.

◆ Nessa frase, a preposição **até** liga quais palavras ou expressões?

_____

ATIVIDADES

1. Complete as frases com a preposição adequada para relacionar as palavras ou as expressões destacadas. **Dica:** releia o quadro da página anterior.

    a) A maioria dos brasileiros **gosta** muito _____ **futebol**.

    b) Uma partida é **jogada** _____ **dois tempos** _____ **45 minutos cada**.

    c) Frequentemente **assisto** _____ **jogos** _____ **futebol** pela televisão.

    d) De vez em quando, **vou** _____ **meu pai** _____ **um estádio**.

2. Leia esta frase e observe as palavras destacadas.

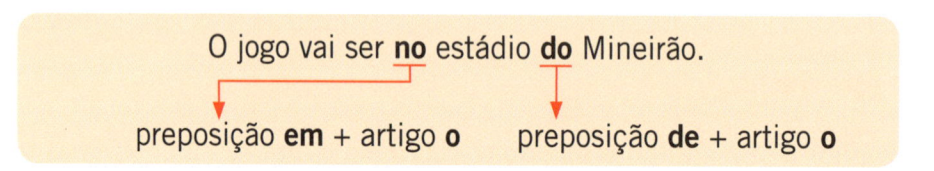

    > O jogo vai ser **no** estádio **do** Mineirão.
    >
    > preposição **em** + artigo **o**   preposição **de** + artigo **o**

    ◆ Complete a tabela de acordo com os exemplos.

	preposição	+	artigo
no	em	+	o
do	de	+	o
na		+	
da		+	

	preposição	+	artigo
nos		+	
dos		+	
nas		+	
das		+	

CONCLUA!

Muitas vezes, as _____ aparecem ligadas aos _____, formando **contrações**.

3. Encontre no diagrama outras doze contrações.

W	S	N	T	N	A	Q	U	E	L	A	I	S	D
R	B	E	I	R	S	N	I	S	T	O	A	D	F
Z	A	S	V	O	D	E	L	A	B	K	O	S	O
N	E	T	U	I	B	S	A	D	I	S	S	O	A
E	V	A	S	D	E	S	T	E	T	W	H	I	D
S	S	O	B	D	I	A	R	S	P	A	R	O	E
T	B	C	O	V	H	N	I	S	S	O	D	I	L
E	D	A	Q	U	E	L	E	A	B	T	S	S	E

◆ Escreva as contrações que você encontrou no diagrama na coluna correspondente.

Contrações com a preposição **de**	Contrações com a preposição **em**
_____	_____
_____	_____

4. Ligue as colunas de acordo com o significado das palavras destacadas.

A praça fica **no meio de** duas avenidas paralelas.   **após**

Coloque os cadernos **em cima de** uma mesa, por favor.   **sobre**

Encontrei este lápis **debaixo de** todos os livros.   **entre**

O estádio fica **depois de** duas quadras.   **sob**

a) As palavras destacadas na primeira coluna equivalem a:

☐ um adjetivo. ☐ um verbo.

☐ um advérbio. ☐ uma preposição.

b) Essas palavras recebem o nome de:

☐ locução adjetiva. ☐ locução prepositiva. ☐ locução verbal.

5. Complete cada frase com uma locução prepositiva. Se necessário, consulte o quadro.

> abaixo de • perto de • por causa de • dentro de
> acima de • junto de • embaixo de • depois de
> fora de • em frente de • longe de • atrás de

a) _____ casa há um clube de tênis.

b) O estádio do Pacaembu fica _____ uma grande avenida.

c) Eu moro em uma cidade _____ Campinas.

d) Os quadros estão _____ um aparador, _____ uma parede.

e) A festa estava _____ acabar.

f) Meu peito bate mais forte _____ você.

6. Complete com **a** (preposição) ou **à** (contração da preposição **a** + o artigo **a**).

a) Você quer ir _____ festa comigo?

b) Todos irão _____ comemoração do pentacampeonato?

c) A seleção brasileira chegou _____ Portugal ao meio-dia.

d) A que horas chegaremos _____ cidade?

e) O juiz entregou o troféu _____ Carlos, capitão do time.

f) O frio se deve _____ chuva de ontem.

7. Nas frases da atividade anterior, circule a palavra que vem logo depois de cada ocorrência da crase.

◆ Com base nas palavras que você circulou, é possível afirmar que a crase ocorre diante de palavras:

☐ do gênero masculino.

☐ do gênero feminino.

PARA ESCREVER MELHOR
USO DAS TERMINAÇÕES VERBAIS -ÃO E -AM, -EM E -ÊM, -EEM

Leia os versos do poema.

Canção do exílio

Minha terra tem palmeiras,
Onde canta o Sabiá;
As aves, que aqui gorjeiam,
Não gorjeiam como lá.

Nosso céu tem mais estrelas,
Nossas **várzeas** têm mais flores,
Nossos bosques têm mais vida,
Nossa vida mais amores.
[...]

Gonçalves Dias. Disponível em: <http://www.dominiopublico.gov.br/download/texto/bn000100.pdf>. Acesso em: outubro de 2016.

Várzeas: terrenos baixos à margem de rios.

1. Releia os versos e compare as formas verbais destacadas.

   Nosso céu **tem** mais estrelas

   Nossos bosques **têm** mais vida

   a) As formas **tem** e **têm** estão, respectivamente:

   ☐ no plural e no singular.

   ☐ no singular e no plural.

   b) Na 3ª pessoa do singular do presente do indicativo, o verbo **ter**:

   ☐ leva acento circunflexo.   ☐ não leva acento circunflexo.

   c) Na 3ª pessoa do plural do presente do indicativo, o verbo **ter**:

   ☐ leva acento circunflexo.   ☐ não leva acento circunflexo.

2. Complete as frases com **tem** ou **têm**, de acordo com as palavras destacadas.

   a) Aquelas **cartas** não _____ nenhuma linha sobre o seu passado.

   b) Alguns **feirantes** _____ verduras e legumes para vender, outros _____ frutas.

235

3. Complete as frases com os verbos entre parênteses no pretérito ou no futuro do indicativo.

a) Na noite passada, os cães _____ muito. (latir)

b) Amanhã pela manhã, os alunos _____ mais cedo. (sair)

c) Na próxima semana, as provas _____. (acabar)

d) As cartas _____ ontem à tarde. (chegar)

◆ Agora, copie os verbos que você escreveu nas frases nos quadros corretos.

Verbos no pretérito	Verbos no futuro

CONCLUA!

No _____, essas formas verbais terminam em _____.

No _____, essas formas verbais terminam em _____.

4. Leia as quadrinhas e observe as formas verbais destacadas.

> Meu benzinho não é este
> Nem aquele que lá **vem**
> Meu benzinho está de branco
> Não mistura com ninguém.
>
> Quadrinha popular.

a) A forma verbal destacada ao lado está no:

☐ singular.

☐ plural.

> Eu vou buscar para mim
> Só amor no coração
> Não posso viver assim
> Amores que **vêm** e vão.
>
> Quadrinha popular.

b) A forma verbal destacada ao lado está no:

☐ singular.

☐ plural.

CONCLUA!

O verbo **vir**, no presente do indicativo, apresenta a forma verbal

_____ na _____ pessoa do _____ e a forma

_____ na _____ pessoa do _____.

5. Leia as frases e observe as formas verbais destacadas.

   Ele **crê**.
   Eles **creem**.

   Ela **vê**.
   Elas **veem**.

   Ele **lê**.
   Eles **leem**.

   verbo **crer** = acreditar

   verbo **ver** = enxergar

   verbo **ler**

   a) As formas verbais **crê**, **vê** e **lê** estão na:

   ☐ 3ª pessoa do singular.

   ☐ 3ª pessoa do plural.

   b) Já as formas verbais **creem**, **veem** e **leem** estão na:

   ☐ 3ª pessoa do singular.

   ☐ 3ª pessoa do plural.

   c) De acordo com as respostas anteriores, é possível concluir que os verbos **crer**, **ver** e **ler**, na 3ª pessoa do plural, são escritos com:

   ☐ **e** e acento.   ☐ **ee** e acento.   ☐ **ee** e sem acento.

6. Complete as frases com os verbos **crer**, **ver** e **ler** na 3ª pessoa do plural.

   a) Os pais de Pedro _____ os filhos apenas nos finais de semana.

   b) As pessoas _____ livros, jornais e revistas nos trens.

   c) Os alunos do 5º ano _____ que foram bem nas provas.

   d) Os adultos, geralmente, _____ mais jornais do que as crianças.

   e) Os funcionários _____ que terão férias no próximo mês.

   f) As crianças daquele vilarejo sempre _____ os turistas chegarem de barco.

DIVERTIDAMENTE

Confusão com preposição? Aqui não!

◆ O uso correto de uma preposição evita desentendimentos...

Divirta-se escolhendo a frase adequada de acordo com cada imagem. Para isso, pinte os quadros com as respostas corretas.

Estrada de pedra.

Estrada com pedras.

Sob a mesa.

Sobre a mesa.

Vire a direita.

Vire à direita.

REVISÃO

1. Complete as frases com os verbos do quadro.

   faz • fez • põe • pode • tem

   a) Bruna _____ a lição de casa todos os dias à tarde.

   b) A galinha do vizinho _____ dois ovos por dia.

   c) Carlos _____ dormir até as 7 horas da manhã.

   d) Meu irmão _____ 12 anos de idade.

   e) Ontem, meu pai _____ uma torta deliciosa.

2. Circule as locuções verbais presentes nas frases.

   a) A nova geração de aviões vai tornar as viagens mais fáceis.

   b) Computadores sofisticados vão controlar esses voos.

   c) Os novos foguetes vão captar informações de outros planetas.

3. Em que tempo verbal estão as locuções que você circulou na atividade 2?

   _____

   a) Substitua essas locuções verbais por uma palavra, sem mudar o tempo indicado.

   _____

   b) Reescreva as frases trocando cada locução verbal pelo verbo correspondente no futuro do pretérito.

   _____
   _____
   _____
   _____

4. Leia estas cantigas e observe as formas verbais destacadas.

> Se eu **fosse** um peixinho
> E **soubesse** nadar
> Eu tirava a menina
> Do fundo do mar.
>
> Cantiga popular.

> Quem **quiser** aprender a dançar,
> Vai na casa do seu Juquinha.
> Ele pula, ele roda
> Ele faz requebradinha.
>
> Cantiga popular.

a) As formas verbais **fosse** e **soubesse** estão no modo subjuntivo e no tempo:

☐ presente. ☐ pretérito imperfeito. ☐ futuro.

b) Já a forma **quiser** está no modo subjuntivo e no tempo:

☐ presente. ☐ pretérito imperfeito. ☐ futuro.

5. Complete as frases com **há** ou **faz**.

a) O jogo de bola de gude foi inventado _____ milhares de anos.

b) O futebol faz sucesso no Brasil _____ mais de cem anos.

◆ Nessas frases, os verbos **fazer** e **haver** indicam:

☐ ação. ☐ tempo presente. ☐ tempo passado.

6. Encontre no diagrama cinco formas verbais.

A	S	T	T	N	A	Q	F	E	Z	A	I	S	D
R	B	I	I	R	S	T	Ê	M	T	O	K	D	F
O	A	N	V	O	D	W	L	A	B	U	O	J	O
N	E	H	U	I	B	S	T	I	V	E	R	A	M
W	F	A	Z	I	A	M	T	E	T	I	H	I	D
S	S	M	B	D	Q	A	W	S	P	A	R	O	E

◆ Qual é o infinitivo das formas verbais que você encontrou no diagrama?

_____

7. Escreva a palavra que concorda com cada verbo presente nestes títulos de livros.

   a) *Os pássaros são eternos* ⟶ _____

   b) *Pedrinho dá o grito* ⟶ _____

   c) *Quero minha mãe* ⟶ _____

   d) *Não, não fui eu!* ⟶ _____

   e) *As latinhas também amam* ⟶ _____

   f) *Se criança governasse o mundo...* ⟶ _____

8. Responda às perguntas de acordo com os títulos da atividade anterior.

   a) Qual é o único título em que não aparece a palavra com a qual o verbo concorda?

   _____

   b) Como você chegou à conclusão de que o verbo concordava com essa palavra?

   _____
   _____

9. Complete as frases com o advérbio correspondente a cada locução adverbial entre parênteses.

   a) Terminou o trabalho _____. (por completo)

   b) Saiu correndo e bateu a porta _____. (com raiva)

   c) Dirigiu-se ao ponto de ônibus _____, pois já eram 8 horas. (com pressa)

10. Complete as manchetes sobre filmes com uma das preposições do quadro.

    de • após • até

    a) Super-Homem: em cartaz _____ o próximo mês.

    b) Batman & Robin: o melhor _____ todos da série.

    c) O Máscara: desenho animado _____ o sucesso do filme.

241

24 A FRASE E OS SINAIS DE PONTUAÇÃO

Leia esta história em quadrinhos.

Folha de S.Paulo. Suplemento Folhinha, 19 de maio de 2007.

1. A finalidade dessa HQ é:

    ☐ narrar fatos.

    ☐ informar o leitor sobre personagens.

    ☐ contar o sonho da personagem.

    ☐ divertir o leitor.

2. Leia o quadro e complete a última coluna adequadamente.
Lembre-se de que a pontuação indica para o leitor a intenção de quem escreve.

Intenção	Frases	Tipos de frase	Pontuação
Interrogar, perguntar alguma coisa a respeito de algo ou de alguém.	◆ Quem tem medo de filmes de terror? ◆ Você gosta de filmes de aventura?	frases interrogativas	
Informar ou declarar alguma coisa a respeito de algo ou de alguém.	◆ Podemos ver novos filmes. ◆ Achei todos legais.	frases declarativas afirmativas	
	◆ Não é preciso ter medo. ◆ Minha amiga não teve medo do filme.	frases declarativas negativas	
Expressar sentimento ou opinião diante de um fato.	◆ Ver uma comédia pode ser divertido! ◆ Adorei esses seriados!	frases exclamativas	
Dar uma ordem, um conselho, fazer um pedido ou indicar proibição.	◆ Compre um ingresso para mim, por favor. ◆ Não seja medroso!	frases imperativas	

Toda palavra ou grupo organizado de palavras com sentido completo e que estabelece comunicação – na forma escrita ou oral – recebe o nome de **frase**.
Na escrita, a pontuação de uma frase indica para o leitor determinada intenção.

ATIVIDADES

1. Leia as alternativas e marque com um **X** aquelas que forem frases.

   ☐ Socorro!! ☐ Vou ficar um mês viajando!!
   ☐ Que medo!! ☐ Eu, um ano não!
   ☐ Aqui poder nunca. ☐ Faça sei janela.

   ◆ As alternativas que você marcou constituem frases porque:

   ☐ têm sentido completo.
   ☐ têm pontuação.

2. Agora, marque com um **X** a intenção de cada frase.

   a) Vou comprar pipoca.

   ☐ Perguntar. ☐ Declarar algo.
   ☐ Ordenar. ☐ Expressar um sentimento.

   b) Que medo!!

   ☐ Perguntar. ☐ Declarar algo.
   ☐ Ordenar. ☐ Expressar um sentimento.

   c) O que você vai fazer comigo?

   ☐ Perguntar. ☐ Declarar algo.
   ☐ Ordenar. ☐ Expressar um sentimento.

CONCLUA!

☐ Não precisamos nos preocupar com a pontuação, pois, ao falar ou escrever, todos já entendem a nossa intenção.

☐ De acordo com a intenção que temos ao escrever uma frase, utilizamos uma determinada pontuação.

3. Leia estas frases em voz alta.

> Você tem medo de filmes de terror?

> Você tem medo de filmes de terror.

> Você tem medo de filmes de terror!

a) Marque com um **X** as alternativas corretas.

☐ Elas foram escritas com as mesmas palavras, mas o que as torna diferentes entre si é a intenção, marcada pela pontuação.

☐ Elas foram escritas com as mesmas palavras e nada as torna diferentes entre si.

b) Quais foram os pontos usados nessas frases?

_____

_____

4. Pinte os pontos usados nas frases e ligue as colunas entre si.

O ano terminou.	expressar um sentimento	interrogativa
Vocês acabaram?	perguntar	exclamativa
Férias!	declarar	declarativa

5. Marque com um **X** os itens que expressam o que as frases indicam.

a) Entre depressa!

☐ Pedido.   ☐ Ordem.   ☐ Conselho.

b) Por favor, entre.

☐ Pedido.   ☐ Ordem.   ☐ Conselho.

c) É melhor se agasalhar.

☐ Pedido.   ☐ Ordem.   ☐ Conselho.

> As frases que indicam ordem, conselho ou pedido classificam-se como **imperativas**.

6. Classifique as frases segundo a intenção que elas expressam. Veja as possibilidades no quadro.

> declarativa negativa • declarativa afirmativa • interrogativa
> exclamativa • imperativa

a) Sentirei saudade do 5º ano?

_____

b) Os alunos novos contam com a compreensão dos professores.

_____

c) Não precisamos ter medo do que é novo.

_____

d) Fique tranquila! Seja otimista em relação ao futuro!

_____

e) O 5º ano foi uma etapa importante na minha vida!

_____

7. Pontue as frases de acordo com a intenção que você quiser expressar em cada uma delas. Depois, escreva qual foi a sua intenção: expressar alegria, dar uma ordem, fazer uma pergunta, entre outras.

a) Mudar de escola pode ser muito bom_____

_____

b) Eu gostei de ter feito novos amigos_____

_____

c) Você conhece alguém da minha turma_____

_____

d) Não chegue atrasado_____

_____

PARA ESCREVER MELHOR
USO DO VERBO NO MODO IMPERATIVO

Leia algumas dicas para economizar água.

> Procure não tomar banhos demorados.
> Escove os dentes com a torneira fechada.
> Não use o vaso sanitário como lixeira e nunca acione a descarga à toa.
> Ao lavar a louça, primeiro limpe os restos de comida dos pratos e panelas.
> Não jogue óleo usado no ralo da pia.
>
> Disponível em: <http://dgi.unifesp.br/ecounifesp/index.php?option=com_content&view=article&id=12&Itemid=16>. Acesso em: novembro de 2016.

1. Observe as formas verbais destacadas.

Procure	Nunca **acione**
Escove	**Limpe** os restos
Não **use**	Não **jogue**

   ◆ Essas formas verbais no imperativo expressam: _____.

2. Complete as frases com os verbos entre parênteses no modo imperativo.

   a) Quando sair de seu quarto, _____ a luz. (apagar)

   b) _____ a torneira da pia fechada enquanto escova os dentes. (deixar)

   c) Durante o banho, _____ a torneira ao se ensaboar. (fechar)

   d) Durante o dia, _____ a luz do Sol e não _____ as lâmpadas. (aproveitar – acender)

CONCLUA!

O modo imperativo também é usado para dar _____ sobre o _____ de fazer algo.

3. Para cada imagem, escreva uma frase com um conselho para evitar o desperdício de água ou de energia elétrica.

DIVERTIDAMENTE

◆ Vamos completar o passo a passo? Escreva as instruções usando os verbos no imperativo. Veja o exemplo.

dobrar

Dobre ao meio uma folha de papel retangular.

desenhar um lado do pássaro

_____
_____
_____

recortar na linha desenhada

_____
_____
_____

Agora, pegue uma folha de papel retangular e faça o seu pássaro.
Boa diversão!

25 OUTROS SINAIS DE PONTUAÇÃO

Leia o texto.

Faraós, pirâmides, deserto, **hieróglifos**... O Egito antigo é fascinante! Mas, de tudo relacionado a ele, do que eu mais gosto são as histórias. Recentemente, Claudia Beltrão, historiadora da Universidade Federal do estado do Rio de Janeiro, me contou uma muito interessante, sobre a pena de Maat. Quer conhecê-la também?

No Egito antigo, Maat era uma deusa, que representava o conceito de verdade e justiça. Quando uma pessoa morria, havia um julgamento individual: o morto comparecia [...] perante Thot, um deus que tinha a função de mensageiro. Diante de Thot e do morto, era posta uma balança. Em um dos pratos da balança, era colocado o coração do morto. No outro, a pena de Maat. "Se o coração pesasse mais do que a pena, o morto era considerado indigno. Então, a possibilidade de viver a vida além-túmulo era interditada a ele", conta Claudia. Já se o coração fosse puro, a pena de Maat pesaria mais do que o coração, e o morto, em sua parte imaterial, viveria para sempre. A pena de Maat era algo que os vivos não viam, mas acreditavam nela [...].

Representação da deusa Maat em um papiro do Egito antigo.

Revista *Ciência Hoje das Crianças*. Disponível em: <http://chc.cienciahoje.uol.com.br/historias-do-antigo-egito/>. Acesso em: outubro de 2016.

Hieróglifos: nome dos caracteres da escrita usada pelos antigos egípcios e que representavam ideias, palavras ou letras pela imitação do objeto, da planta, do animal, etc.

1. A finalidade do texto é:

    ☐ narrar uma história do Egito antigo.

    ☐ informar sobre faraós, pirâmides, deserto e hieróglifos.

    ☐ contar sobre um faraó.

    ☐ contar sobre a deusa egípcia Maat.

2. Releia as frases e observe o emprego da vírgula em cada uma delas.

> Faraós, pirâmides, deserto, hieróglifos…

a) Nessa frase, as vírgulas separam:

☐ uma locução adverbial.

☐ uma enumeração de palavras.

> No Egito antigo, Maat era uma deusa [...].

b) Nessa frase, a vírgula separa do restante da frase:

☐ uma locução adverbial.

☐ uma enumeração de palavras.

> A pena de Maat era algo que os vivos não viam, mas acreditavam nela [...].

c) Nessa frase, a vírgula separa:

☐ a frase em duas partes iguais.

☐ a palavra **mas** da parte inicial da frase.

A vírgula, em uma frase, pode ser usada:
- ◆ para separar os termos de uma enumeração.
- ◆ para separar o advérbio ou a locução adverbial no início da frase.
- ◆ antes da palavra **mas**.

ATIVIDADES

1. Leia o trecho e observe os sinais de pontuação destacados.

> Além de suas histórias e lendas, o Egito é admirado por suas pirâmides, que são consideradas uma das sete maravilhas do mundo antigo. As outras seis são: os jardins suspensos da Babilônia, o colosso de Rodes, a estátua de Zeus, o templo de Artemis, o farol de Alexandria e o mausoléu de Halicarnasso.

◆ Marque com um **X** as alternativas corretas, de acordo com o texto acima.

☐ As vírgulas separam locuções adverbiais.

☐ As vírgulas separam os termos da enumeração.

☐ Os dois-pontos separam a enumeração.

☐ Os dois-pontos introduzem a enumeração.

2. Coloque a vírgula onde for necessário.

   a) Os alunos se divertem e aprendem com livros documentários filmes e jogos.

   b) Com certeza aprendemos muito sobre o mundo antigo.

   c) O menino estava preocupado mas não havia motivos para preocupação.

◆ Para cada explicação abaixo da utilização de vírgulas, escreva a letra da frase acima em que essa utilização ocorre.

☐ Separa a palavra **mas**.

☐ Separa os termos de uma enumeração.

☐ Separa a locução adverbial.

3. Leia este diálogo e observe o uso dos sinais de pontuação destacados.

> Tito contou para Zeca**:**
> **—** Minha professora pediu uma pesquisa sobre as maravilhas do mundo moderno.
> **—** E quais são elas?
> **—** As sete novas maravilhas são**:** Grande Muralha (China), cidade de Petra (Jordânia), Cristo Redentor (Brasil), Machu Picchu (Peru), antiga cidade maia de Chichen-Itza (México), Taj Mahal (Índia) e coliseu de Roma (Itália).

a) Complete: Na primeira frase do texto, os dois-pontos foram usados para introduzir a _____ de alguém. Na segunda vez que apareceram, os dois-pontos foram usados para introduzir uma _____.

b) Para que o travessão foi empregado no texto?

☐ Para introduzir uma enumeração.

☐ Para introduzir a fala dos personagens.

4. Observe o uso das aspas " " nas frases e numere-as de acordo com a legenda.

1. As aspas indicam a fala de alguém.

2. As aspas destacam um nome.

3. As aspas indicam uma citação.

☐ A primeira pirâmide foi chamada "Pirâmide dos Degraus".

☐ A professora disse bem alto: "Tragam o livro de História amanhã".

☐ Esta frase de dom Pedro II é famosa: "Independência ou morte!".

Para não esquecer – Sinais de pontuação	
Vírgula	◆ Separa os termos de uma enumeração. ◆ Pode separar o advérbio ou a locução adverbial. ◆ É usada antes da palavra **mas**.
Dois-pontos	◆ Introduzem a fala em um diálogo. ◆ Introduzem uma enumeração.
Travessão	◆ Abre a fala do diálogo.
Aspas	◆ Destacam uma expressão, fala ou citação.

PARA ESCREVER MELHOR
USO DE PORQUE, POR QUE, POR QUÊ, PORQUÊ

Leia esta pergunta curiosa e sua resposta.

> **Por que a espuma de sabão é sempre branca?**
>
> Em primeiro lugar, porque os corantes se dissolvem bastante ao entrar em contato com a água. Segundo, porque as bolhas que formam a espuma são bem fininhas. "A cor, que já não era tão forte depois de ter sido diluída, torna-se ainda mais fraca nessa camada fina", diz o químico Massuo Jorge Kato, da USP. [...]
>
> Revista *Mundo Estranho*. Disponível em: <http://mundoestranho.abril.com.br/materia/por-que-a-espuma-de-sabao-e-sempre-branca>. Acesso em: novembro de 2016.

1. Releia e compare estas frases.

   > **Por que** a espuma de sabão é sempre branca?

   > [...] **porque** os corantes se dissolvem bastante ao entrar em contato com a água.

   a) Qual é a diferença de escrita da palavra **porque** nessas frases?
   _____

   b) Por que isso acontece?
   _____

2. Veja outra maneira de se fazer essa mesma pergunta:

   > Qual é o **porquê** de a espuma de sabão ser sempre branca?

   a) Nessa frase, a palavra destacada é um:

   ☐ advérbio.　　☐ adjetivo.　　☐ substantivo.

   b) Quando a palavra é usada assim, como deve ser escrita?
   _____

3. Leia as frases e escreva a explicação indicada nos quadros das palavras destacadas.

- equivalente a um substantivo
- final de frase interrogativa
- início de frase interrogativa
- resposta a uma pergunta
- pergunta indireta (sem o uso da interrogação)

a) Você não vai à festa de amanhã **por quê**?

_____

b) Explique o **porquê** dessa sua atitude.

_____

c) **Por que** você não entregou o trabalho ainda?

_____

d) Não sei **por que** eles chegaram tão tarde!

_____

e) Cheguei tarde **porque** o despertador não tocou.

_____

4. Complete as frases com **porque, por que, por quê** ou **porquê**.

a) A espuma também é branca _____ as bolhas são muito fininhas.

b) É difícil entender _____ muitas pessoas jogam lixo nos rios e nas praias.

c) _____ o lixo orgânico deve ser separado do lixo reciclável?

d) Essa separação é necessária _____?

e) Praias e mares ficam poluídos _____ muitos esgotos deságuam neles.

f) Não entendo o _____ de as pessoas jogarem lixo nas ruas.

5. Explique o uso das palavras destacadas nesta piada.

— **Por que** um elefante não pode viajar para o exterior?

_____

— **Porque** a impressão digital não cabe no passaporte.

_____

Aníbal Litvin. *Piadas (muito) bobas*. Cotia: Vergara & Riba, 2008.

6. Observe a fotografia e faça uma frase para cada uma das formas indicadas.

por que

_____
_____

porque

_____
_____

porquê

_____
_____

por quê

_____
_____

DIVERTIDAMENTE

Descubra a fruta!

A pontuação de um texto pode mudar o sentido dele.

Durante a aula de Ciências, João escreveu o seguinte texto sobre a sua fruta preferida.

> Se me perguntarem qual é a minha fruta preferida, digo que gosto de manga. Não de abacate, que tem um caroço que nenhuma fruta tem. Não penso em jabuticaba, tão pequenininha, mas com um suquinho gostoso.

◆ Qual é a fruta preferida de João? _____

João vai pedir a seu pai que compre na feira a sua fruta preferida. O menino deixou o seguinte bilhete na geladeira.

> Papai,
> Se me perguntarem qual é a minha fruta preferida, digo que gosto de manga? Não! De abacate, que tem um caroço que nenhuma fruta tem. Não penso em jabuticaba, tão pequenininha, mas com um suquinho gostoso.
> Compra, por favor, essa fruta para mim na feira?

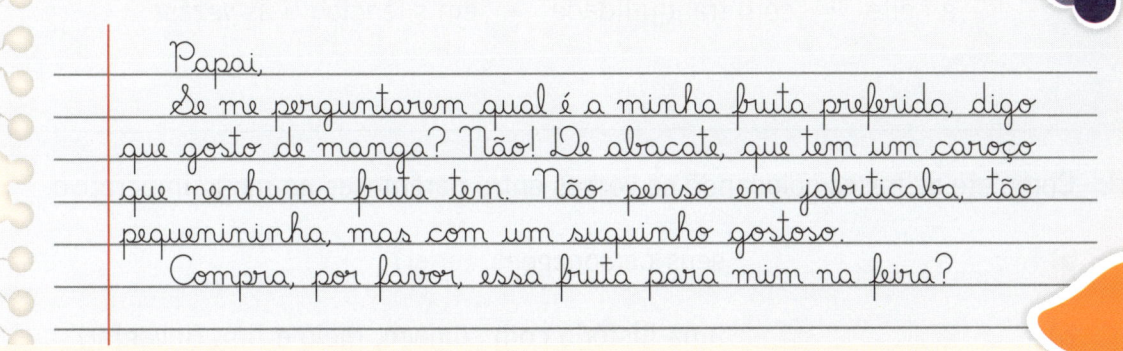

◆ Agora, qual é a fruta preferida de João? _____

João vai pedir à sua avó para fazer um suco de sua fruta preferida. Leia outro bilhete escrito pelo menino.

> VOVÓ!
> SE ME PERGUNTAREM QUAL É MINHA FRUTA PREFERIDA, DIGO QUE GOSTO DE MANGA? NÃO! DE ABACATE, QUE TEM UM CAROÇO QUE NENHUMA FRUTA TEM? NÃO! PENSO EM JABUTICABA, TÃO PEQUENININHA, MAS COM UM SUQUINHO GOSTOSO.

◆ Por esse bilhete, qual é a fruta preferida de João?

_____

REVISÃO

1. Compare estas frases.

   | No início da aula, a professora disse: "Abram o livro na página 84!". | No início da aula, a professora disse: — Abram o livro na página 84! |

   ◆ Que diferenças há no uso dos sinais de pontuação nesses trechos?

   _____

   _____

2. Leia as frases e coloque as vírgulas adequadamente.

   a) Ontem à tarde saímos mais cedo da escola.

   b) Com calma ela respondeu a todas as questões da prova.

3. Escolha uma locução adverbial do quadro e escreva uma frase com ela.

   à noite • com tranquilidade • em silêncio • às vezes

   _____

4. Complete as frases colocando os verbos entre parênteses no modo imperativo.

   a) _____ seus personagens. (criar)

   b) _____ uma história com começo, meio e fim. (inventar)

   c) _____ o número de quadrinhos. (planejar)

   d) _____ cada quadro com uma cena. (desenhar)

   e) _____ os balões de fala e de pensamento. (colocar)

5. Complete as frases com **porque**, **por que**, **por quê** ou **porquê**.

   a) Você faltou à aula na segunda-feira _____?

   b) Agora vocês vão me explicar o _____ desta bagunça!

   c) Não comi _____ estava sem fome.

   d) _____ as janelas estão abertas?

JOGO 1 – BATE-PALAVRA

- Reúna-se com dois ou três colegas.
- Cole as fichas da página 263 em uma cartolina e recorte-as nas linhas pontilhadas.
- Coloque as fichas sobre uma mesa viradas para baixo e uma ao lado da outra.
- Na sua vez, tente desvirar uma das fichas batendo sobre ela com a mão em concha. Se não conseguir em duas tentativas, você perde a vez.
- Quando desvirar a ficha, leia a palavra em voz alta e diga aos colegas a letra que usaria para completá-la: **s**, **z** ou **x**. Se errar, coloque a ficha (virada para baixo) sobre a mesa novamente; se acertar, a ficha fica com você.
- O jogo termina quando não houver mais fichas na mesa. Vence o participante que tiver mais fichas.

JOGO 2 – VOCÊ CONHECE?

- Reúna-se com um colega. Vocês vão jogar com outra dupla.
- Cole as fichas da página 265 em uma cartolina e recorte-as nas linhas pontilhadas.
- Embaralhe as fichas e deixe-as viradas para baixo, uma sobre a outra (formando um monte).
- Na sua vez, retire duas fichas.
- Forme uma frase sobre as imagens das fichas, usando o grau do adjetivo que você preferir. O seu colega escreverá em um papel a frase que você formou.

> - Caso você retire a ficha **Você escolhe!**, pense em um ser, objeto ou lugar e faça a comparação dele com a imagem da outra ficha. Se você retirar duas fichas **Você escolhe!**, deverá criar a frase com dois elementos que desejar.
> - Se você retirar a ficha **Superlativo!**, precisará criar uma frase no grau superlativo com a imagem representada na outra ficha.
> - Caso você retire uma ficha **Você escolhe!** e outra **Superlativo!**, escolha um ser, objeto ou lugar e faça uma frase usando o grau superlativo.

- A outra dupla adversária terá de verificar se a frase foi escrita corretamente. Cada frase correta vale 1 ponto. Se houver qualquer erro na frase, quem marca 1 ponto é a dupla adversária.
- Ganha o jogo a dupla que, ao final das fichas, tiver marcado mais pontos.

JOGO 3 – TRILHA

- Reúna-se com um, dois ou três colegas.
- Cole as fichas da página 267 em uma cartolina e recorte-as nas linhas pontilhadas.
- Embaralhe as fichas e deixe-as viradas para baixo, uma sobre a outra (formando um montinho de cartas).
- Escolha um marcador para representar você na trilha (pode ser um botão ou um grão de milho, por exemplo) e decida com os outros jogadores quem será o primeiro a jogar, quem será o segundo, e assim por diante.
- Coloque todos os marcadores alinhados no início da trilha.
- Na sua vez, retire uma ficha e leia a frase que há nela. Você deverá completar a frase com as palavras **mal**, **mau**, **mas** ou **mais**. Os outros jogadores dirão se você completou a frase corretamente.
- Faça o que é explicado na ficha, seguindo este critério: se você completar a frase corretamente, leia a instrução chamada **Acertou?**; se você errar, leia a instrução **Errou?**.
- Ao terminar, coloque a sua ficha no final do monte de cartas.
- Vence o jogo quem chegar primeiro ao final da trilha.

JOGO 4 – A UNIÃO FAZ A FRASE

- O professor vai dividir a classe em grupos.
- Cada grupo deverá sentar em uma fileira da classe, um aluno atrás do outro.
- Na lousa, serão escritas as formas verbais **há** e **faz**. Cada grupo deverá formar uma frase com uma dessas palavras, indicando tempo passado.
- Ao sinal do professor, o primeiro aluno de cada fileira deverá escrever, em uma folha de papel à parte, um desses verbos e passar o papel para outro colega do grupo. Este começa a formar a frase, escrevendo uma ou duas palavras, no máximo. Em seguida, passa o papel para o terceiro, que escreve mais uma ou duas palavras, e assim por diante. Quem deve finalizar a frase é o último aluno da fileira.
- Ganha o grupo que apresentar primeiro uma frase com sentido completo.

JOGO 1 – BATE-PALAVRA

ca_ulo	me_ada	pre_unto	la_anha
mai_ena	i_olamento	de_ordem	orgulho_o
preci_ar	le_ão	france_a	cru_eiro
mole_a	vi_inhança	limpe_a	organi_ação
pobre_a	co_imento	fa_endeiro	ra_ão
_angão	bu_ina	e_ibir	e_ato
e_aminar	e_ecutar	e_emplo	e_austo
e_agerado	e_istir	e_ame	ê_odo

recorte

JOGO 2 – VOCÊ CONHECE?

carro	barco	Brasil	Portugal
monte Everest	pico da Neblina	deserto do Saara	Floresta Amazônica
baleia-azul	anta	robô	cachorrinho
balanço	Você escolhe!	Superlativo!	Você escolhe!

...... recorte

JOGO 3 – TRILHA

Algumas pessoas, às vezes, têm ✿ comportamento. **Acertou?** Avance 3 casas. **Errou?** Fique 1 rodada sem jogar.	**Eu dormi ✿ na noite passada.** **Acertou?** Jogue outra vez. **Errou?** Volte 2 casas.	**Ao nascer, um bebê precisa de ✿ cuidados.** **Acertou?** Cada adversário deve voltar 1 casa. **Errou?** Volte ao início do jogo.
Fui ao estádio, ✿ não consegui ver o jogo. **Acertou?** Pegue outra ficha. **Errou?** Volte à casa do jogador que está em último lugar.	**Ele caiu de ✿ jeito e se machucou.** **Acertou?** Avance 1 casa. **Errou?** Não saia do lugar.	**Esta história está ✿ contada...** **Acertou?** Avance 2 casas. **Errou?** Volte 1 casa.
Gosto ✿ de suco do que de chá. **Acertou?** Avance 4 casas. **Errou?** Volte 4 casas.	**O dia está nublado, ✿ não está frio.** **Acertou?** Pegue outra ficha. **Errou?** Fique 2 rodadas sem jogar.	**Júlia gosta de bife ✿ passado.** **Acertou?** Cada adversário deve voltar 2 casas. **Errou?** Volte 1 casa.
Meu irmão ainda é um ✿ leitor. **Acertou?** Jogue outra vez. **Errou?** Volte à casa do jogador que está em último lugar.	**No verão, os dias são ✿ longos que no inverno.** **Acertou?** Avance 2 casas. **Errou?** Volte 2 casas.	**O time perdeu, ✿ jogou bem.** **Acertou?** Avance 1 casa. **Errou?** Não saia do lugar.
Carla está ✿-humorada. **Acertou?** Pegue outra ficha. **Errou?** Volte à casa do jogador que está em último lugar.	**Brigar no trânsito é um ✿ exemplo.** **Acertou?** Avance 4 casas. **Errou?** Fique 2 rodadas sem jogar.	**Vamos andar ✿ depressa, pois estamos atrasados.** **Acertou?** Avance 1 casa. **Errou?** Volte ao início do jogo.

------- recorte

JOGO 3 – TRILHA

Saída
1 2 3 4 5 6 7 8 9 10 11

COLE A LATERAL DA OUTRA PARTE DA TRILHA AQUI.

recorte

recorte

271